청소학
청소 실무 이론

처음 청소대행업에
입문하는 사람이
꼭 알아야 하는 것들

"깨끗한 세상은
보이지 않는 곳까지
청소합니다."

일반편

청소학

청소 실무 이론

처음 청소대행업에
입문하는 사람이
꼭 알아야 하는 것들

이응준 지음

도서출판 더로드
The Road Books

PROLOGUE
들어가는 글

"〈깨끗한세상〉은 보이지 않는 곳까지 청소합니다."

'직업에는 귀천이 없다.'는 말이 있습니다. 하지만 우리 사회는 여전히 특정 직종에 대한 선입견이 있고, 이러한 선입견이 보이지 않게 우리 사회에 영향을 미치고 있습니다. 특히 청소하는 일에 대해 부정적인 시선으로 바라보는 이들도 있습니다. 하지만 저 스스로 당당하게 일해 왔기에 어디서, 어떤 사람을 만나도, "청소업체 〈깨끗한세상〉 대표 이웅준입니다."라고 저 자신을 당당하게 소개하며 살아왔습니다.

제가 사람들 앞에서 당당하게 하는 일을 말할 수 있었던 이유는, 미래에 대한 확신이 있었기 때문입니다. 시험공부를 하면서도 합격에 대한 믿음이 있는 사람은 그렇지 않은 사람보다 덜 힘듭니다. 제가 걸어온 길 또한 그러했습니다. 저는 오늘날의 청소 사업에 대한 미래가 또렷하게 보였습니다. 그랬기에 마케팅 비용도 지불하면서, 과감한 투자를 했습니다.

인간에게 '의식주(衣食住)'는 가장 기본적인 필수 요소입니다. 그 중에서도 우리가 살고있는 집안의 환경은 중요한 부분을 차지하고 있습니다. 또한 많은 사람들이 깨끗한 집에 관심을 가지는 이유는 바로 '건강'과 연결되기 때문입니다. 우리가 어떤 노력으로, 어떻게 만들어 가느냐가 중요한 부분입니다. 현대사회가 발달하고 건물과 도로가 건설되면서 자연의 일부가 사라질 때마다 미세먼지와 위생 그리고 건강은 더욱 중요해지고 있습니다. 특히 코로나 시대에는 더욱 관심을 가지고 생활 방역을 해야 합니다. 단순히 주위를 깨끗이 한다는 개념이 아니라 전문성을 필요로 합니다. 다양한 재질이나 자재에 어떤 장비와 청소 세제를 사용해서 청소하느냐가 청소업계에서는 전문성의 척도가 됩니다. 또한 현장경험을 통해 축적된 데이터는 그 무엇과도 바꿀 수 없는 값진 보물입니다.

이탈리아의 천재예술가 미켈란젤로가 성당의 천장벽화 '천지창조'를 그릴 때 일화를 짧게 소개하자면, 미켈란젤로가 작은 붓으로 구석구석까지 색칠하는 모습을 보고 밑에서 사람들이 그 구석까지 누가 안다고 그렇게 열심히 색칠하나요라고 물으니, "누가 알긴요? 내가 알지요"라는 말을 했다고 합니다.
청소도 마찬가지입니다. 주인이 보지 못하는 곳까지, 청소를 할 수 있는 사람이 진정한 전문가가 아닐까요?
'〈깨끗한세상〉은 보이지 않는 곳까지 청소합니다.'라고 누구에게나 당당하게 말할 수 있습니다. 이것이 바로 저희 회사의 슬로건이며, 대표로서 경영 철학입니다.

㈜ 깨끗한세상 **이응준** 대표

CONTENTS
차례

PART 01 청소 실무이론 일반

01 청소 실무이론 개요   10
02 청소 실무이론 구성 체계   15
03 청소도구 및 청소 세제의 세계   16

PART 02

Sweet Home 일반가정

01 입주 청소   26
02 이사 청소   148
03 거주 청소   188

청소 실무이론이란?

일반가정, 사무실, 공공건물, 상업건물 등의 건물 내부를 청결하게
보존, 유지하기 위하여 최적은 조건으로 청소하는 방법을 작업자에게
제공하는 표준 이론서이다.

PART 01

청소 실무이론 일반

01 청소 실무이론 개요 • 10

가. 개요 및 운영 목적
나. 고객이란?
다. 청소란?
라. 품질서비스 헌장

02 청소 실무이론 구성 체계 • 15

청소 실무이론 구성 체계

03 청소도구 및 청소 세제의 세계 • 16

가. 일반가정 청소도구 및 청소 세제
나. 사무실 청소도구 및 청소 세제

01 청소 실무이론 개요

가. 개요 및 운영 목적

1) 청소 실무이론이란?
일반가정(아파트, 주택 등), 사무실, 공공건물, 상업건물 등의 건물 내부를 청결하게 보존, 유지하기 위하여 최적의 조건으로 청소하는 방법을 작업자에게 제공하는 표준 이론서이다.

2) 청소 실무이론에서는
① 실무에서 사용하는 용어의 정의와 필요성을 설명하여 학습자의 이해를 돕는다.
② 현장상태를 잘 살펴, 어떻게 청소를 할 것인가, 어떤 순서로 청소를 할 것인가에 대해 먼저 설계할 수 있도록 방법을 알려준다.
③ 고객의 의견을 반영하고 순서와 방법이 결정되면 재질에 맞는 청소 장비,

청소도구, 청소 세제를 선정하는 방법 및 활용 방법을 알려준다.

④ 현장에서 실질적으로 필요한 팁을 제시함으로써 현실적인 도움이 되는 방법을 제시한다.

⑤ 청소 진행 시, 주의할 점을 사전에 습득함으로써 문제 발생 시 신속하게 대처를 할 수 있도록 알려준다.

3) 고객 응대 표준매뉴얼 운영 목적

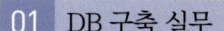

지속적인 청소 서비스 업무를 통해 성장하는 기술(친환경 세제 등)을 분기 또는 연차별 업그레이드 제작할 수 있는 DB(데이터 베이스) 구축.

구축된 DB(데이터 베이스)를 활용, 지속적 전수 가능.

㈜깨끗한세상이 추구하는 최고의 기술 제공, 고객 만족 경영에 대한 방법과 지침을 실제 서비스 현장에서 공유 및 실천.

각 점검별 서비스 기준에 맞춘 이론서를 실무 교육자료로 활용하여 기술 상향 평준화 및 CS 교육에 용이.

나. 고객이란?

1) 가치 흐름(Value Steam)의 순서에 따라 고객을 아래와 같이 정의한다.

① 가치를 창출, 가공 및 전달하는 고객

② 가치를 구매하는 고객

③ 가치를 사용하는 고객
④ 가치를 구매 또는 사용하도록 영향력을 행사하는 고객

2) 고객가치 흐름의 관점에서 본 고객 개념

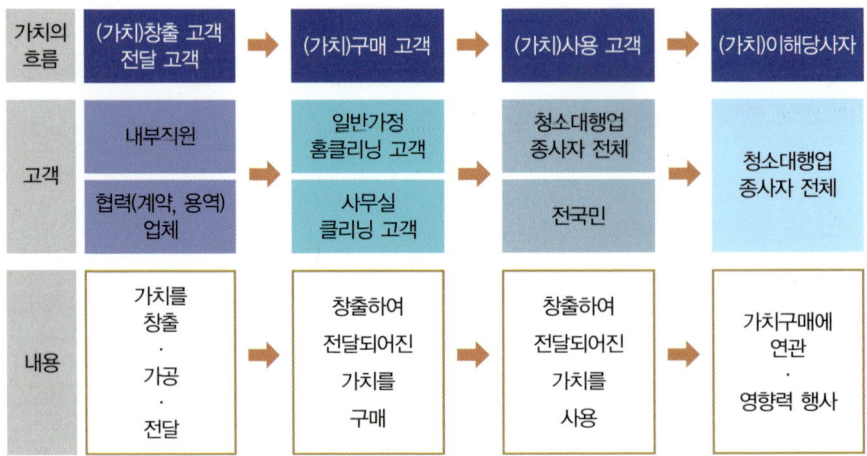

다. 청소란?

단지 깨끗하게 쓸고 닦는 것뿐만 아니라 다음과 같은 활동을 말한다.
먼지를 닦아내고, 그 밑에 숨겨져 있던 부분을 드러낸다.
: 잠재되어 있는 부분을 현재화(顯在化)시킨다.
실제로 손으로 만져보고(Skin Ship), 이상이 없는가를 점검한다.
따라서 청소는 거주 지역 및 작업장의 환경을 깨끗하게 함과 동시에, 숨겨져 있던 미결함(문제점)을 발견하는데 그 목적이 있다.

※ 미결함이란?

쓰레기, 더러움, 구부러짐, 마모, 진동, 흔들림, 누출, 녹, 흠, 이상음, 발열, 느슨함, 덜컹거림, 편심, 이상한 낌새, 깨짐, 조각, 빠짐, 이상한 움직임, 부족, 변형 등

1) 청소 활동의 일반적인 절차

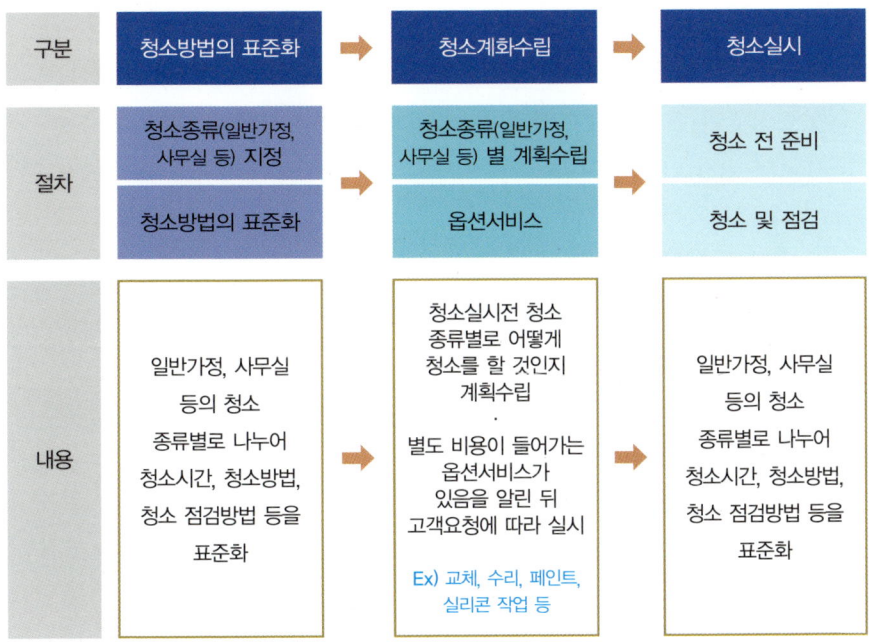

라. 품질서비스 헌장

고객만족을 최우선으로 하는
품질서비스 헌장

청소대행업 전 직원은 청소대행업이 고객과 함께 존재함을 깊이 인식하여 질 높은 기술 및 서비스를 제공함으로써 『고객과 함께하는 청소대행업』을 만들기 위해 노력할 것을 약속드리며, 다음과 같이 실천할 것을 다짐합니다.

1) 우리는 고객을 내 가족처럼 친절하게, 정성을 다하여 맞이하겠습니다.
2) 우리는 고객의 입장에서 생각하며, 고객의 소리를 경청하여 열려 있는 소통을 하겠습니다.
3) 우리는 고객의 전문성 향상을 위하여 '최고의 기술서비스, 최선의 친절서비스'를 제공하도록 최선을 다하겠습니다.
4) 우리는 최고의 청소 서비스를 위해 정기적인 교육을 실시하여 항상 청결하고, 쾌적한 공간을 위해 노력하는 청소대행업체로 만들어 나가겠습니다.

우리는 이러한 목표를 달성하기 위하여 『청소 서비스 실무이론표』를 설정하여 이를 성실히 이행할 것을 약속드립니다.

02 청소 실무이론 구성 체계

구성 체계

Sweet Home
일반가정

일반가정
- 01 입주 청소
- 02 이사 청소
- 03 거주 청소

03 청소도구 및 청소 세제의 세계

가. 일반가정 청소도구 및 청소 세제

일반가정 홈클리닝을 위해서는 집의 상태를 잘 살피고, 어떻게 청소를 할 것인가? 어떤 순서로 청소를 할 것인가? 에 대해 먼저 설계해야 한다.

고객의 의견을 반영하고 순서와 방법이 결정되면 재질에 맞는 청소 장비, 청소도구, 청소 세제를 준비한다. 보편적으로 일반가정 홈클리닝을 위한 청소도구 및 청소 세제는 다음과 같다.

[표1] Sweet Home 일반가정 청소 장비

청소 장비

고압 스팀기	건습식 청소기(소)	멜빵 청소기	스팀 청소기
피톤치드	건습식 청소기(대)	광택기	무선 청소기
압축식 분무기	안전사다리		전동드릴

청소 도구

| 콤프레샤 | 짤순이 | 전기 롤선 | 공구함세트 |

| 스퀴지(유리창) | 원터치 대걸레 | 분진 제거솔 | 거미 제거솔 |
| 분무기(소형) | 분무기 | 반도(공구함) | 각반 |

청소 세제

터치크린골드(다목적)	PB-1(다목적)	OP-1(물때 제거)	오일아웃(기름 때)
터치크린골드(소)	PB-1(소)	OP-1(소)	오일아웃(소)
슈퍼스트립(왁스)	원클린(화장실용)	오븐 크리너(주방용)	유리 세정제(대)

나. 사무실 청소도구 및 청소 세제

사무실 클리닝을 위해서는 건물(사무실, 업장 등)의 상태를 잘 살피고, 어떻게 청소를 할 것인가, 어떤 순서로 청소를 할 것인가에 대해 먼저 설계를 해야 한다. 고객의 의견을 반영하고, 순서와 방법이 결정되면 재질에 맞는 청소 장비, 청소도구, 청소 세제를 준비한다.

보편적으로 사무실 클리닝을 위한 청소도구 및 청소 세제는 다음과 같다.

[표2] 사무실 청소도구 및 청소세제

		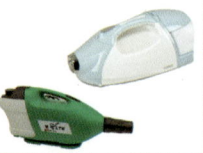	
고압 청소기	스팀 청소기	살균 소독기	송풍기

청소 세제

터치크린골드(다목적)	PB-1(다목적)	유리세정제(대)	먼지흡착제
소포제(거품 제거용)	슈퍼스트립(소)	박리제(세척제)	다목적 세정제
터치크린골드(소)	PB-1(소)	OP-1(소)	오일아웃(소)
가구 광택제	방향제	스티커 제거제	유리 세정제(소)

PART 02

Sweet Home 일반가정

01 입주 청소 • 26
- 01 입주 청소의 정의
- 02 입주 청소의 작업별 프로세스
- 03 각 구역별 청소 순서 및 구역별 청소 핵심 포인트
- 04 신축 입주의 품격 옵션 서비스
- 05 입주 청소 구역별 청소작업 프로세스

02 이사 청소 • 148
- 01 이사 청소의 정의
- 02 이사 청소의 기본정보
- 03 이사 청소의 작업별 프로세스
- 04 이사 청소의 품격 옵션 서비스
- 05 이사 청소의 구역별 청소작업 프로세스

03 거주 청소 • 188
- 01 거주 청소의 정의
- 02 거주 청소의 기본정보
- 03 거주 청소의 작업별 프로세스
- 04 각 구역별 청소 순서 및 구역별 청소 핵심 포인트
- 05 거주 청소의 품격 옵션 서비스
- 06 거주 청소 구역별 청소작업 프로세스

01 Sweet Home 입주 청소

신축건물 내부에는 장기간 공사로 발생한 먼지와 시멘트, 실리콘 등 육안으로는 쉽게 확인할 수 없는 유해물질들이 가득하여 이로 인한 건강상의 피해를 입지 않도록 계획적인 입주 청소가 필수이다.

보양지 제거작업

1. 입주 청소의 정의

신축건물 내부에는 장기간 공사로 인해 발생한 먼지와 시멘트, 실리콘, 새집증후군 등 육안으로는 쉽게 확인할 수 없는 유해물질 및 구조물, 잔여물 등이 가득하여 이로 인한 건강상의 피해를 입지 않을 수 있는 계획적, 전문적 입주 청소가 필수이다.

베란다 오염물질 및 보양지

새집증후군 차단을 위한 피톤치드 작업

욕실 하수구 내 오염물질(시멘트 등)

창틀 오염물질(시멘트, 미세먼지 등)

2. 입주 청소 기본정보

인원 및 작업방식

작업시간

안전 및 유의사항

가. 인원 및 작업방식

1) 입주 평형에 따라 2~4명 또는 상황에 따라 그 이상도 투입될 수 있다.

2) 상황 또는 재질에 따라 청소도구 및 청소 세제를 준비한다.

나. 작업 시간

평형 또는 건물 구조에 따라 4시간에서 8시간 내외의 청소 시간을 필요로 한다.

단, 상황에 따라 작업 시간은 달라 질 수 있다.

다. 안전 및 유의사항

1) 유니폼(안전화, 마스크 등)을 반드시 착용한다.
2) 전체 환기 작업은 필수적으로 해야 한다.
3) 원활한 작업을 위해 가스(온수 사용을 위함), 수돗물, 전기는 필수적으로 필요하다.
4) 쓰레기봉투는 기본적으로 고객님이 준비해야 하므로 사전에 안내를 해야한다.

단, 쓰레기 처리는 작업자가 직접 진행한다.

[표1] 입주 청소 작업별 프로세스

청소 작업별 프로세스

계획 수립
* 평형에 따른 상황별 클리닉 계획

하자 체크
* 청소 전, 중 생활하자체크
* 사진 촬영 후 고객 통보

환기 정돈
* 환기
* 분리 가능한 시설물 분리
* 보양지 제거

미세 작업
* 각 구역별 전체 미세작업 실시

옵션 서비스
* 고객 요청 시·별도 비용 옵션 서비스 실시

팀장 검수
* 총괄팀장 검수 (점검표 작성)

고객 검수
* 고객 최종 점검
* 전·후 사진을 고객에게 발송

3. 입주 청소 작업별 프로세스

가. 평형에 따른 상황별 클리닉 계획 수립
1) 각 구역별 필요한 청소 방법 파악(바닥 재질, 창, 유리 등)
2) 청소도구 및 청소 세제 준비
3) 특수청소에 필요한 도구, 세제 등 준비
4) 옵션 서비스 고객 선택 시 도구 및 세제 등 준비

나. 청소를 하기 전 하자 내용 점검 및 고객 통보
1) 청소 전 하자 체크 후 확인 시, 사진 촬영하여 고객에게 통보
2) 청소 진행 중 하자 확인 시에도 사진 촬영하여 고객에게 통보

다. 환기 및 보양지 제거작업
1) 청소 전 모든 창문, 문 등 환기시키기
2) 청소 전 각 구역별 분리 할 수 있는 모든 시설물을 분리하여 세제물에 담가 놓기
   * 하수구(욕실, 주방 등), 후드틀, 배수로 뚜껑 등
3) 모든 구역 청소 전에 보양지 제거

라. 각 구역별 구조물, 잔여물, 유해물질, 먼지 제거 등 전체적인 미세작업 실시

마. 옵션 서비스 실시(별도비용 발생)
1) 새집증후군 · 헌집증후군
2) 마루 코팅(광택)

3) 주방 유리막 코팅
4) 줄눈시공

바. 각 구역별 총괄팀장 검수(점검표 작성)

사. 고객 최종 검수 및 필요 시 보완작업
1) 각 구역별 청소 전·후 사진 고객에게 전송
2) 청소 당일 날, 바로 확인한 경우 수정 청소 바로 실시하기
단, 청소 후 AS가 발생 할 수 있으므로, 청소 완료 후 고객에게 3일 이내 AS 가능함을 안내하기

4. 각 구역별 청소 순서 및 구역별 청소 핵심 포인트

가. 평형에 따른 상황별 클리닉

1) 각 구역별 청소 순서
주방 → 욕실 → 베란다 → 방 → 거실 → 현관 순으로 청소를 진행

2) 상황에 따라 순서를 변경하거나 동시에 청소를 진행하기.

나. 각 구역별 청소 핵심 포인트

1) 주방 청소
* 싱크대 내·외부 청소
* 개수구, 가스레인지, 렌지후드 청소
* 전열기구 청소

※ 싱크대 상부장부터 아래로 청소를 진행.

2) 욕실 청소
* 천장, 벽면, 환풍기, 욕실 바닥 청소
* 변기, 세면대, 욕실장 내·외부 청소
* 줄눈시공(고객 요청 시 · 별도 비용)

3) 발코니 청소
* 창문, 창틀, 방충망 오염제거 후, 먼지 제거
* 베란다 바닥, 유리창 오염 및 이물질 제거
* 다용도실 창고 먼지 제거

4) 침실 · 거실 청소

* 벽, 천장, 몰딩 부분의 먼지 및 오염 제거
* 장식장, 붙박이장 등의 먼지 및 얼룩 제거
* 문틀, 창문틀의 오염 제거, 각 방 내부 유리창 청소
* 마루 및 바닥의 이물질 제거
* 마루 코팅 작업(고객 요청 시/별도 비용)

5) 현관 청소

* 현관 바닥, 벽 및 천장의 미세먼지 오염물질 제거
* 현관문, 중문, 신발장의 스티커 제거 및 오염 제거

참고사항

■ 모든 청소는
① 안쪽에서 바깥쪽으로 진행한다. ② 위에서 아래 순으로 진행한다.

5. 신축 입주의 품격 옵션 서비스

옵션 서비스를 통해 신축 입주의 품격을 올릴 수 있다.

* 단, 별도 비용이 청구되므로 고객 상담을 통한 고객의 요구가 있을 경우에만 시행

새집증후군 • 헌집증후군

우리 가족의 건강을 위해 반드시 유해물질 제거는 필요하다.

* 새집증후군 방생원인

포름알데히드, 곰팡이, 발암물질, 라돈트리콜로로 에틸렌, 방부제의 붕산염 등 여러 가지

* 100% 피톤치드를 활용한 새집증후군 제거

마루 코팅(광택)

마루 본래의 기능을 효과적이고, 지속적으로 유지 할 수 있다.

* 마루 코팅의 필요성

마루 코팅 작업을 통해 마루표면의 보호와 변형을 방지하여 장기간 깨끗하게 사용하는 것은 필수

* 친환경 소재의 전용 코팅제 시공이 필요
주방 유리막 코팅(광택)

주방 유리막 코팅(광택)

색상 변질 및 세균 번식을 방지하기 위한 유리막 코팅은 필요하다.

＊유리막 코팅의 필요성

주방 및 욕실의 청결은 가족 건강을 위해 필수적으로 지켜져야 함으로 유리막 코팅 작업을 통해 모든 오염 물질로부터 안전하게 가족의 건강을 지킬 수 있다.

＊친환경 소재의 전용 유리막 코팅제 시공이 필요

줄눈시공

오염 방지, 청소 관리, 리모델링 효과를 한 번에 볼 수 있다.

＊줄눈시공의 필요성

줄눈시공을 통해 물때 등의 오염 방지 및 무엇보다 청소와 관리가 월등히 쉬워지며, 공간의 느낌을 살릴 수 있는 리모델링 효과까지 얻을 수 있다.

＊반영구적인 줄눈시공이 필요

6. '입주청소의 품격' 옵션 서비스

옵션 서비스를 통해 새집 같은 깨끗한 환경을 만들 수 있습니다

＊단, 별도 비용이 청구되므로 고객 상담을 통한 고객의 요구가 있을 경우에만 시행합니다.

홈 케어 서비스

'생활(가전) 제품의 기능을 효과적으로 유지시켜 줍니다'

쾌적한 실내 온도를 유지시켜주는 에어컨, 먹는 음식을 위생적으로 보관해주는 냉장고 청소는 일상에서 매일 하는 기본적인 청소 외에 주기적으로 전문적인 청소가 필요합니다.

에어컨 필터 및 내부에 쌓여 있는 먼지 등의 에어컨 청소, 음식물 자국이 있는 냉장고 청소를 소홀히 관리 할수록 우리의 건강을 위협할 수 있습니다. 시스템 에어컨 사용은 우리 생활에 밀접하게 관계된 만큼 사용 빈도가 높기 때문에 주기적으로 전문적인 관리가 필수적입니다.

시스템 에어컨

붙박이 냉장고

구역별 청소작업 프로세스
Zone Cleaning Process

01
Kitchen Cleaning
주방 청소

02
Bathroom Cleaning
욕실 청소

03
Balcony Cleaning
발코니 청소

04
Bedroom, Living Room Cleaning
침실, 거실 청소

05
Porch Cleaning
현관 청소

01
Kitchen Cleaning
주방 청소
주방 공간과 시설물을 청소하고
정리정돈을 수행한다.

1. 주방 청소의 정의

'음식을 하는 주방! 위생에 신경 써야 한다.'

음식을 만드는 주방은 세균이 번식하기 쉽다. 특히 입주 후, 가정에서 다양한 음식을 조리하고, 식사를 하는 곳이므로 특별히 위생적이고 청결하게 관리 될 수 있도록 전문적인 청소가 필요하다.

따라서 주방의 상태를 파악한 후, 주방 청소에 필요한 청소도구 및 청소 세제를 준비하여 싱크대 내·외부, 싱크대 상·하부장, 가스레인지 및 후드, 주방 가전 등 주방 시설물의 청소와 관리를 해야 한다.
특히 불을 다루는 곳이므로 청소 진행 시, 항상 주의해야 하는 장소이다.

가족의 건강을 책임지는 장소이므로, 항상 위생적이고 청결하게 관리하여 깨끗한 환경을 유지시키는 것이 중요하다.

[표2] 주방 청소 작업별 프로세스

2. 주방 청소 작업별 프로세스

가. 주방 청소 준비하기

1) 하자 체크

주방 내·외부, 시설물에 대한 하자 체크

2) 시설물 재질 확인

사전 확인한 주방 내·외부, 시설물에 대한 재질 확인

3) 열거나 분리할 수 있는 모든 시설물 분리 후 미리 준비한 세제 물에 담가 불려 놓기

＊ 환풍기, 하수구, 배수로 뚜껑 등

4) 청소도구 및 청소 세제 준비

5) 보양지 제거

주방 내·외부 및 시설물을 보호하기 위한 보양지 및 비닐 등 제거

나. 주방 공간 청소하기

1) 싱크대 상·하부 장 청소

2) 싱크대 벽타일 오염제거 및 이물질 제거

다. 주방가전 청소하기

1) 가스레인지 청소

2) 가스레인지 후드 및 상부 스테인리스 청소
3) 전자레인지 및 오븐 청소
＊ 가전제품이 많이 몰려 있는 장소이므로 화재 및 감전에 주의

라. 싱크대 청소하기
1) 개수대 청소
2) 조리대(아일랜드 조리대 포함) 청소

마. 유리막 코팅(고객 요청 시 · 별도비용)

바. 마무리 작업
1) 전체 마감 세척 및 최종 점검
2) 주방 청소 전 · 후 사진 고객에게 전송

3. 주방 청소 작업 순서별 세부 청소 방법

가. 주방 청소 준비하기
1) 하자 체크
주방 청소 실시 전 주방 내 · 외부 및 주방 시설물에 대한 하자 여부를 꼼꼼히 확인 후, 사진 촬영을 실시한다.
＊ 사전에 차단할 수 있는 문제 같은 경우 적극적으로 대처하는 것이 원활한 청소작업을 위한 지름길이다.

싱크대 코팅지 들뜸

싱크대 상판 갈라짐

싱크대 하부장 시트지 및 나무 마감처리 들뜸

① 주방 내·외부, 시설물에 대한 하자를 꼼꼼히 체크 후 사진 촬영
- **싱크대** : 조리대 상판 갈라짐, 깨짐, 금간 경우 등
- **후드** : 결로. 스테인리스 긁힘 등
- **수납장** : 시트지 벌어짐, 찢어짐, 상·하부장 들뜸 현상
- **주방 벽면** : 타일 깨짐 및 금간 경우, 타일 공동현상 등

② 촬영한 사진을 고객에게 전송

③ 청소 중간에 발견한 하자 또한 사진 촬영 후 고객 통보

2) 시설물 재질 확인

주방 청소 실시 전 주방 내·외부 및 주방 시설물에 대한 재질 확인을 통해 청소 장비 및 청소 세제를 올바르게 선택하여 사용함으로써, 작업 효율을 높일 수 있다.

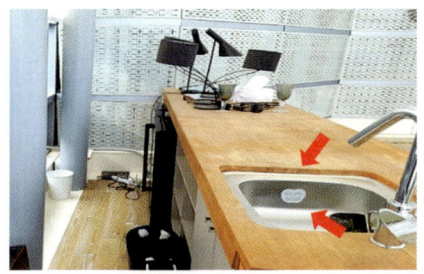

싱크대 코팅지 들뜸

싱크대 상판 갈라짐

싱크대 하부장 시트지 및 나무 마감처리 들뜸

① 사전 확인한 주방 내부, 시설물에 대한 재질 확인
- **싱크대** : 조리대, 개수대 등 재질(스테인리스, 대리석 등)
- **가스레인지 및 후드** : 스테인리스 재질 확인
- **수납장** : 상·하부장 재질(시트지, 목재 등) 확인

- 주방 벽면 : 주방 벽면 재질(타일, 시트지 등) 확인
② 시설물 재질에 따른 청소 도구 및 청소 세제 확인

3) 열거나 분리 할 수 있는 모든 시설물 분리 주방 청소 실시 전 가장 먼저 주방 내, 열거나 분리 할 수 있는 모든 시설물은 분리시켜 세제 물에 담가 놓기
✽ 분진 등 장기간 공사 중에 발생된 오염물질이므로 불려 놓는 시간이 필요하므로 가장 먼저 작업하는 것이 바람직하다.

■ 분리한 시설물 청소 순서
① 주방 청소 전 개수대 내 배수구, 각종 물받이 대, 후드 틀, 수도꼭지 거름망 등을 분리한다.

개수대 안 거름망 등 분리

후드 틀 내 후드 망 분리

개수대 각종 물받이대(수저통 등) 분리

② 분리한 시설물은 세제를 넣은 물에 담가 놓는다.

후드 틀을 세제 물에 담가 놓기

③ 불려 놓은 시설물을 부드러운 수세미로 문질러 세척 한 후, 건조한다.

후드 틀, 거름망/각종 물받이 대 등 건조

④ 주방 청소 마무리 후 장착한다.

건조한 후드 틀을 제자리에 장착

4) 청소도구 및 청소 세제 준비

주방 내·외부 및 주방 시설물 청소를 위한 최적의 청소도구 및 청소 세제를 선택하여 청소 전에 미리 현장에 셋팅한다.

[표3] 주방 청소에 필요한 청소도구 및 청소 세제

5) 보양지 제거

주방 내·외부 및 시설물을 보호하기 위한 보양지를 제거한다.

보양지 제거 시 바로 제거 할 수 있는 오염물질은 함께 제거하도록 한다.

✱ 제거 된 보양지는 해당 건물 쓰레기장 내 분리수거함까지 입주자 대신 운반해주는 것을 권장한다.

✱ 보양지 제거 후 하자가 발견될 수 있으니 꼼꼼히 확인한다. 발견 시 사진 촬영 후, 고객에게 통보한다.

 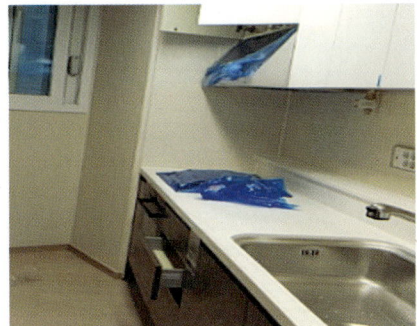

주방 시설물 보양지

 주의사항

- 보양지 제거 시 접착되어 있는 보양지일 경우 칼집을 정교하게 내어 보양지 전체를 한번에 제거해야 한다.
- 여러 번 제거 시 접착성분이 제거되는 방향으로 얼룩이 발생 할 수 있어 불필요하게 얼룩을 제거하는 청소를 할 수 있다.
- 불필요한 청소 발생 시 재질에 흠집이 생기는 등 시설물의 변형이 올 수 있으므로 보양지는 주의를 기울여 제거해야 한다.

나. 주방 공간 청소하기

1) 싱크대 상·하부장 청소

장기간 동안 공사를 진행하다 보니 싱크대 상·하부장 내 미세먼지, 시멘트 가루, 건축 잔여물 등의 오염물질이 쌓여 있는 상태이다.

＊가족의 건강을 책임지는 공간이니 만큼 싱크대 상·하부장을 탈거하여 내·외부 등을 꼼꼼하게 청소해야 한다.

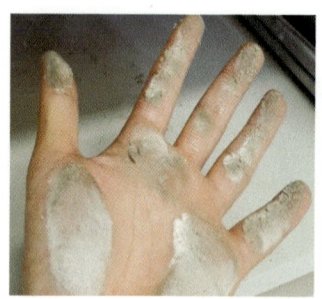 

싱크대 상·하부장 내 오염물질(시멘트 가루, 미세먼지 등)

효과적인 청소 TIP

■ **먼지는?**

먼지는 날마다 쌓인다. 눈에 보이지 않지만 공기중에는 각종 먼지(생활먼지, 외부 유입먼지 등)가 발생되며, 특히 발코니는 먼지가 가장 많이 쌓이는 장소 중 하나이다.

■ **먼지의 움직임**

(1) 각종 먼지(생활먼지, 외부 유입먼지)는 공기 중에 떠다닌다.
(2) 약 2시간 정도 지나면 공기 중에 떠 있었던 먼지는 천천히 바닥으로 가라앉기 시작한다.
(3) 바닥으로 가라앉은 먼지는 공기의 흐름에 따라 벽, 가구, 집안 내 각종 시설물에 내려앉아 표면, 구석진 곳 등으로 모인다.

■ 싱크대 상·하부장 청소 순서

① 전체 상·하부장을 열어 공사 중에 발생한 건축 잔여물, 오염물질을 1차로 제거한다.

② 싱크대 상·하부 장 전체 선반 및 서랍을 탈거한다.

 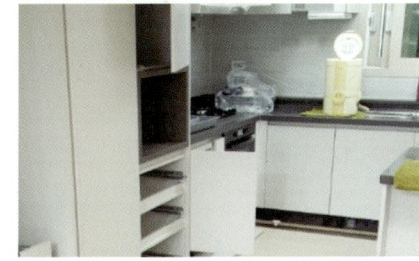

싱크대 상·하부장 탈거

싱크대 하단 걸레장 탈거

③ 싱크대 내부 및 탈거한 선반, 서랍을 꼼꼼히 세척한다.

• 청소기 브러시를 이용하여 싱크대 안쪽 공간, 벽면, 레일까지 빠짐없이 분진을 흡입한다. 탈거한 선반, 서랍도 청소기 브러시를 이용하여 흡입한다.

• 브러시 작업을 하지 않고 젖은 걸레로 바로 닦아 버리면 모서리 및 레일에 톱밥, 분진이 남아 있을 수 있기 때문에 브러시 작업은 필수 작업임

• 분진 흡입 후 젖은 걸레 → 마른 걸레 순으로 반복해서 닦는다.

• 손으로 만졌을 때 먼지가 느껴지지 않을 때까지 닦는다.

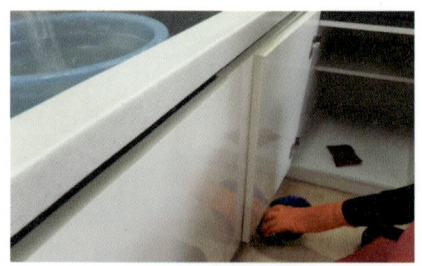
싱크대 선반 브러시 작업

싱크대 하부장 먼지 제거

④ 탈거한 선반 및 서랍을 조립한다.

싱크대 상·하부장 내부 청소 완료 및 탈거한 선반 및 서랍을 조립한다.

습기 및 냄새 제거를 위해 환기 필요

싱크대 수납장 탈거

싱크대 수납장 청소

싱크대 내부 청소

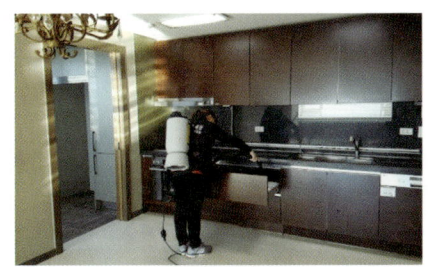
싱크대 수납장 청소

싱크대 수납장 조립

2) 싱크대 벽타일 오염제거 및 이물질 제거

싱크대 벽면의 재질에 맞는 세제를 선택하여 벽면 붙어 있는 시멘트, 본드, 풀, 분진, 비닐 보양지 등 오염물질을 꼼꼼하게 제거한다.

■ **싱크대 벽면 청소 순서**
- 벽면의 재질에 따라 세제 선택 후 청소를 진행한다.
- 손으로 만졌을 때 먼지가 느껴지지 않을 때까지 닦는다.

[벽면 : 타일]
① 정전기포를 이용하여 타일 전체를 닦아낸다.
② 세제를 분무기를 이용하여 벽면에 뿌린 뒤 마른걸레로 닦아낸다.
③ 젖은 걸레로 한 번 더 닦아낸 뒤 마른 걸레로 마무리 한다.

[벽면 : 시트지]
① 정전기포를 이용하여 벽면 전체를 닦아낸다.
② 젖은 걸레 → 마른걸레 순으로 반복해서 닦아낸다.

싱크대 벽면(타일) 청소

싱크대 벽면(시트지) 청소

 효과적인 청소 TIP

■ 효과적인 걸레질 방법
(1) 극세사 걸레를 활짝 편 뒤, 아래와 같은 방법으로 4번 접는다.

 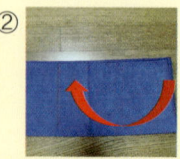 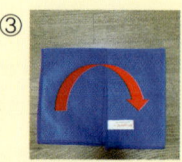 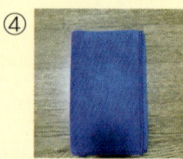

(2) 장갑(미끄럼 방지)을 낀 상태에서 한 면씩 사용한다. 최소 6면에서 최대 12면까지 사용 할 수 있다.

3) 가장 큰 장점은 고르게 접힌 극세사 걸레는 걸레질 면이 고르기 때문에 얼룩 없이 깨끗하게 청소를 할 수 있다.

※ 고르게 접지 않고 손으로 움켜 쥔 채로 사용을 하게 되면,
① 불필요하게 걸레를 낭비할 수 있다.

② 가장 큰 단점은 오른쪽 사진에서 볼 수 있듯이 걸레질 면이 고르지 않아 얼룩이 남겨지는 경우가 많아지므로 깨끗하게 청소를 할 수 없다.

1) 가스레인지 후드

가스레인지 후드 틀 및 망이 비닐 보양지에 포장되어 있어도 공사 중 발생한 분진 등 오염물질이 많이 묻어 있는 상태로 새것이라고 세척하지 않는다면, 음식에 그대로 들어갈 수 있으므로 청소가 꼭 필요하다.

가스레인지 후드는 후드 망과 후드 틀로 구분하여 청소를 진행하며, 반드시 재질을 확인 후 청소를 해야 한다.
＊도구나 세제를 잘못 사용하면 흠이 생기거나, 광택이 벗겨지는 등 재질의 변형이 올 수 있다.

■ 가스레인지 후드 망 청소 순서
① 청소 시작 전에 가스레인지 및 오븐 위를 신문지로 덮는다.
② 후드 망을 분리해서 따뜻한 세제 물에 담가 불려 놓는다.
③ 수세미로 문질러 닦고 물로 헹군 후, 건조 시킨다.
④ 건조한 후, 장착한다.

후드 틀 내 후드 망 분리

시멘트 등의 오염물질 제거

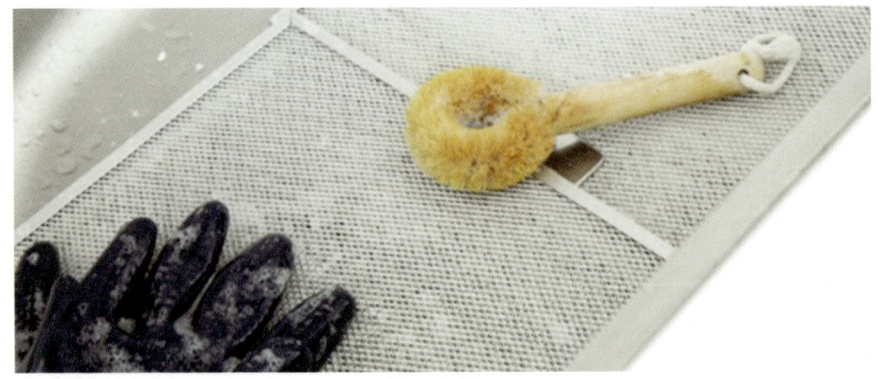

후드 망 청소

■ **가스레인지 후드 틀 청소 순서**

① 세제 물을 부드러운 솔에 묻혀 문질러 닦기

＊ 표면에 흠이 생기지 않도록 주의해서 조심스럽게 세척하기

② 젖은 걸레로 세제가 묻어 나오지 않을 때까지 닦기

③ 스팀기로 마무리

④ 청소 완료 후, 후드 가동 확인하기

후드 틀 전면

후드 틀 청소　　　　　　　후드 틀 청소 완료 후 부속품 장착

2) 가스레인지(인덕션) 청소

가스 또는 전기를 사용하여 음식을 조리하는 기구로 보양지에 포장되어 있지만 공사 중 발생한 오염물질이 묻어 있을 수 있으므로 재질에 손상이 가지 않도록 주의하여 청소를 한다.

■ **가스레인지 청소 순서**

① 삼발이, 버너 캡, 버너 헤드를 분리하여 따뜻한 세제 물에 담가 놓기

② 가스레인지 표면에 세제 물을 뿌린 뒤, 부드러운 수세미로 문지르기
③ 젖은 걸레 → 마른걸레 순으로 닦아내기

가스레인지 표면 청소

④ 버너 구멍, 점화플러그, 불꽃감지부

＊버너 구멍과 점화플러그는 솔이나 칫솔을 이용해 먼지, 이물질을 제거하고, 버너 구멍의 막힌 부분은 이쑤시개로 뚫기

＊점화플러그를 청소할 때는 플러그 상단의 뾰족한 침에 찔리지 않도록 주의

⑤ 가스관, 호스 등

＊가스관, 호스는 젖은 걸레 → 마른걸레 순으로 닦아내기

⑥ 분리한 부품 세척하기

따뜻한 세제 물에 불려 놓은 부품은 수세미로 닦기

＊젖은 걸레 → 마른걸레 순으로 닦아내기

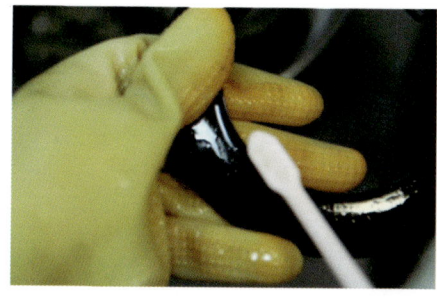 

가스레인지 전체 청소

⑦ 분리한 삼발이 등을 장착하기

* 가스레인지, 인덕션을 청소할 때는 반드시 가스 밸브, 전기코드 등의 안전 관리 필요

청소 완료 후, 분리한 부속품 장착하고 마무리

⑧ 청소 완료 후 점화 불꽃 확인하기

* 점화가 안 되는 경우 불꽃에 물기가 남아있으니 불꽃을 건조 시켜야 한다. 이때 드라이기를 사용하여 건조시킨다.

점화 불꽃 테스트

■ **전기레인지(인덕션) 청소**

① 젖은 걸레로 유리 표면을 부드럽게 닦기
② 젖은 걸레로도 지워지지 않는 얼룩이 있을 경우, 전기레인지 전용 세제를 사용하여 부드러운 솔로 닦아주기
＊단, 수세미, 솔 등 날카로운 도구로 상판을 닦으면, 상판에 흠이 생길 수 있으므로 주의하여 닦기
③ 마른걸레를 이용하여 습기 및 얼룩 없이 닦기
④ 청소 완료 후, 점화 불꽃 확인하기

세제를 묻힌 인덕션

부드러운 솔로 닦기

마른걸레로 습기 및 얼룩 없애기

■ 전자레인지(오븐) 청소 순서

① 측면의 선반을 포함해 모든 부속품을 분리
② 전자레인지(오븐) 안에 남아 있는 분진 등의 오염물질을 제거한다.
③ [고온청소기능]을 터치
＊기능이 없다면 컵에 따뜻한 식초 희석물(식초1:물5)을 오븐에 넣고 가동하면 스팀 청소 기능을 함
④ 청소 종료 후, 오븐이 완전히 식을 때 까지 기다린 후 젖은 걸레 → 마른걸레 순으로 오븐 문과 내부를 닦아주기

전자레인지(오븐) 청소

라. 싱크대 청소하기

주거 공간 중 물때가 쉽게 생기는 공간이 싱크대 이다.
세균번식이 잘되는 환경이 만들어지는 공간이므로 깨끗한 청소가 필요하다.

싱크대는 개수대와 조리대로 구분하여 청소를 진행하며, 재질 확인이 꼭 필요한 공간이다.

특히 싱크대 상판은 색상 변질 및 세균번식 방지를 위한 유리막 코팅을 권장한다.

1) 개수대 청소

싱크대 중에서도 개수대는 세균번식이 잘되는 환경을 만들 수 있으므로 깨끗한 청소가 필요하다. 특히 공사 중 발생한 분진 등 오염물질이 개수대 거름망에 많이 묻어 있으므로 꼼꼼한 청소가 필요하다.

전자레인지(오븐) 청소

■ 개수대 청소 순서

① 거름망 등 개수구 안 부품을 분리 후, 세척한다.

② 선반, 건조대 등 개수대 전용 시설물을 개수구 부속품을 건조 후 장착한다.

전자레인지(오븐) 청소

③ 개수대 내부(수도, 개수대)는 분진 등 오염물질을 먼저 흐르는 물로 1차 세척한다.

＊부드러운 솔이라도 개수대 재질 특성상 바로 닦으면 흠이 생길 수 있다.

④ 부드러운 수세미에 세제 물을 묻혀 구석구석 닦아내기 단, 수도 부분은 칫솔 등을 활용하여 수도부분과 개수대 연결부분까지 꼼꼼하게 닦기

⑤ 개수대에 물을 뿌려 세제 물을 제거한다.

⑥ 젖은 걸레 → 마른걸레 순으로 물기를 제거한다.

⑦ 손으로 먼지 및 물기를 확인하기

⑧ 불려 놓은 개수구(거름망 등) 및 선반, 건조대 등을 청소한 후 물기를 제거한다.

⑨ 건조 된 개수구 및 선반, 건조대 등 제자리에 장착한다.

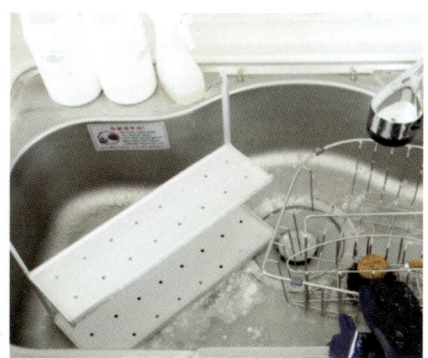

싱크대 개수대 청소

개수구 거름망 오염물질 제거 　　　　건조 및 제자리 장착

효과적인 청소 TIP

■ 효과적인 개수대 수도꼭지 청소법

물이 나오는 수도꼭지 끝부분은 수도 종류에 따라 다르지만, 대부분의 제품은 개폐 할 수 있음.

개폐가 가능한 수도꼭지라면 꼭 분리 후, 칫솔을 활용하여 안쪽 부분까지 깨끗하게 청소를 진행.

2) 조리대 청소

개수대 및 각종 주방 가전기구 외의 자리에 위치하는 곳으로 싱크대 상판 대부분을 차지하는 넓은 공간이며 음식물을 다듬거나 만드는 공간이다.

조리대는 대리석 또는 목재 등으로 마감되어 있다. 그러므로 색상 변질 및 세균번식 방지를 위하여 유리막 코팅을 권장한다.

단, 별도비용이 추가되므로 고객 요청 시에만 시공

■ 조리대 청소 순서

① 브러시 진공청소기를 활용하여 분진 등 오염물질을 제거한다.
② 부드러운 재질의 수세미에 세제 물을 묻혀 구석구석 닦아내기
③ 젖은 걸레 → 마른걸레 순으로 세제 물 및 물기를 제거한다.
④ 손으로 먼지 및 물기를 확인한다.

부드러운 수세미로 세제 물을 묻혀 닦기

세제 물을 젖은 걸레 및 마른걸레로 닦아내기

마. 빌트인 냉장고 청소하기

음식물을 보관하는 냉장고는 청소하기 어려운 가전으로 가정에서 관리를 소홀히 하는 시설물 중 하나이다.

안전한 식재료 관리를 위해 냉장고 내부의 음식물 묵은 때, 찌든 때, 냉장고 외부에 쌓여 있는 먼지 등의 오염물질이 묻어 있으므로 정기적인 청소와 관리가 꼭 필요하다.

■ 빌트인 냉장고 청소 순서

① 냉장고 내부 상태 확인 후, 음식물을 분류한다.

* 상하기 쉬운 음식물은 따로 분류

② 냉장고 내 선반을 탈거한다.

③ 냉장고 내부를 전체 살균 처리 후 주방세제물을 묻힌 부드러운 수세미를 이용하여 약하게 닦아낸다.

* 냉장고 표면에 흠이 생기지 않도록 주의해서 닦아내기

④ 젖은 극세사 걸레 → 마른 극세사 걸레 순으로 세제 물 및 물기를 제거한다.

⑤ 탈거한 선반은 살균 처리 후 주방세제 물을 묻힌 부드러운 수세미를 이용하여 약하게 닦아낸다.

* 선반 표면에 흠이 생기지 않도록 주의해서 닦아내기

* 위 칸 선반부터 먼저 세척 후 조립한 뒤, 상하기 쉬운 음식물을 먼저 넣어가며 청소한다.

⑥ 냉장고 가동 테스트 후 탈거한 선반들을 조립한다.

⑦ 음식물을 다 채워 넣은 뒤 냉장고 외관 청소를 진행한다.

⑧ 냉장고 외관 청소 시, 주방세제 물을 묻힌 부드러운 수세미를 이용하여 부드럽게 닦아낸다.

⑨ 젖은 극세사 걸레 → 마른 극세사 걸레 순으로 세제 물 및 물기를 제거한다.

효과적인 청소 TIP

■ 냉장고 청소 순서
① 냉장고 내 탈거할 수 있는 모든 선반을 탈거한다.
② 위에서 아래로 청소한다.
③ 냉장고 내부는 안쪽에서 바깥쪽으로 청소한다.
④ 냉장고 문안에 위치한 부분도 위에서 아래, 안쪽에서 바깥쪽으로 청소한다.
⑤ 탈거한 냉장고 선반을 조립한다.

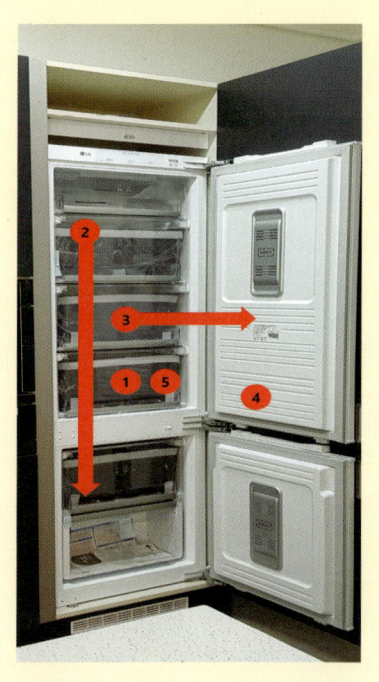

바. 고객 요청 시 싱크대 상판 코팅
＊샌딩 작업 후 세제(바르는 전용 세제 있음) 도포

사. 마무리 작업
– 환기 및 최종 점검
1차 : 현장 팀장(점검표 작성)
2차 : 주방 청소 전·후 사진을 고객에게 발송, 고객 최종 점검

[표3] 주방 청소 점검표

항목	내용	Check
주방 청소 사전준비	주방 청소 사전 준비는 잘 되었는가?	
주방 공간 청소	싱크대 상·하부장 및 벽면 청소는 잘 되었는가?	
주방가전 청소	주방가전 청소는 잘 되었는가?	
싱크대 청소	싱크대 청소는 잘 되었는가?	
옵션 서비스	고객 요청 시 싱크대 상판 코팅은 잘 처리 되었는가?	
마무리 작업	마무리 작업은 잘 되었는가?	

02
Bathroom Cleaning
욕실 청소

욕실 공관과 시설물을 청소하고
정리정돈을 수행한다.

1. 욕실 청소의 정의

'곰팡이와 세균이 번식하기 쉬운 욕실! 꼼꼼한 관리를 위한 청소가 필요하다.'

욕실은 몸의 청결을 유지하고, 또한 배설을 위한 공간이므로 위생에 민감한 장소이다.
따라서 욕실의 상태를 파악한 후, 욕실 청소에 필요한 청소도구 및 청소 세제를 준비해 욕실 상·하부 시설물의 청소관리와 욕실 벽면, 천장, 욕실 바닥 등 욕실 내부를 깨끗하고 위생적으로 관리해야 한다.

특히 다른 구역에 비해 미끄러지기 쉬운 곳이므로 작업자의 안전관리가 무엇보다 중요하다.
집안에서 가장 습한 곳이므로 항상 청결하게 관리하고 쾌적한 환경을 유지시켜야 한다.

[표5] 욕실 청소 작업별 프로세스

욕실 청소 작업별 프로세스

- 욕실청소 준비
  * 생활하자 체크
  * 시설물 재질 확인
  * 분리 할 수 있는 시설물 분리
  * 청소도구 및 세제
  * 상태 파악 및 물품 정리

- 내부공간 준비
  * 욕실 천장 청소
  * 욕실 벽면 청소

- 시설물 청소
  * 상부 시설물 청소
  * 하부 시설물 청소

- 바닥 청소
  * 욕실 바닥 청소
  * 배수구 청소

- 줄눈 시공
  * 줄눈시공
  * 고객 요청 시/별도 비용

- 마무리
  * 환기 및 최종 점검
  * 욕실 청소 전·후 사진을 고객에게 발송

2. 욕실 청소 작업별 프로세스

가. 욕실 청소 준비하기

1) 하자 체크

욕실 내부, 시설물에 대한 하자 체크

2) 시설물 재질 확인

사전 확인한 욕실 내부, 시설물에 대한 재질 확인

3) 열거나 분리할 수 있는 모든 시설물 분리 후 미리 준비한 세제 물에 담가 놓고 불리기

* 환풍기, 하수구, 배수구 뚜껑 등

4) 청소도구 및 청소 세제 준비

5) 보양지 제거

욕실 내부 및 시설물을 보호하기 위한 보양지 및 비닐 등 제거

나. 욕실 내부 공간 청소하기

1) 욕실 천장 청소
2) 욕실 벽면 청소

다. 욕실 상·하부 시설물 청소하기

1) 욕실 상부 시설물 청소하기

거울, 욕실장, 샤워부스, 욕실 선반

케이스, 수도꼭지, 수건걸이 등
2) 욕실 하부 시설물 청소하기 욕조, 세면대, 양변기(비데) 등
＊고열 스팀기, 살균 스팀기 사용

라. 욕실 바닥 청소하기
욕실 바닥 및 배수구 청소

마. 줄눈시공
고객 요청 시/별도비용

바. 마무리 작업
1) 환기 및 최종 점검
2) 욕실 청소 전·후 사진 고객에게 전송

3. 욕실 청소 작업 순서별 세부 청소 방법

가. 욕실 청소 준비하기
1) 하자 체크
욕실 청소 실시 전 욕실 내부 및 욕실 시설물에 대한 하자 여부를 꼼꼼히 확인 후 사진 촬영을 실시한다.
＊사전에 차단할 수 있는 문제 같은 경우 적극적으로 대처하는 것이 원활한 청소작업을 위한 지름길이다.

욕실 타일 줄눈 탈락

욕실 벽면 타일 탈락

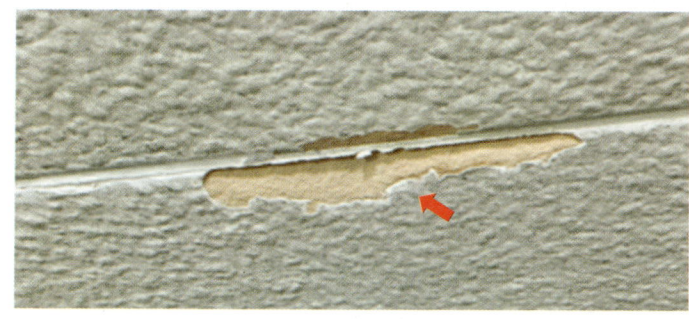
욕실 벽면 줄눈
마감 미처리

① 욕실 내부, 시설물에 대한 하자를 꼼꼼히 체크 후 사진 촬영

- **욕실 바닥, 벽면** : 타일 탈락, 깨짐, 금간 경우, 줄눈 곰팡이, 탈락 등
- **도기** : 누수, 깨짐, 균열, 떨어짐 등
- **수납장** : 수납장 들뜸, 비뚤어짐 등

② 촬영한 사진을 고객에게 전송
③ 청소 중간에 발견한 하자 또한 사진 촬영 후 고객 통보

2) 시설물 재질 확인

욕실 청소 실시 전 욕실 내부 및 시설물에 대한 재질 확인을 통해 청소장비 및 청소 세제를 올바르게 선택하여 사용함으로써, 작업 효율을 높일 수 있다.

욕실 벽면 재질 확인

욕실 도기 및 바닥 재질 확인

욕실 도기 및 바닥 재질 확인

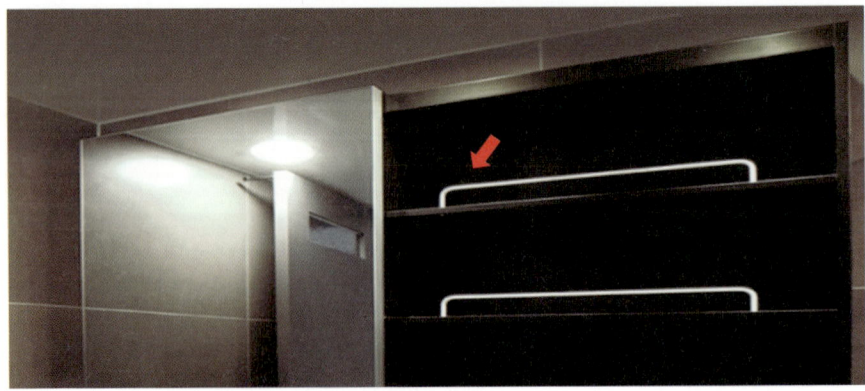
욕실장 재질

① 사전 확인한 욕실 내부, 시설물에 대한 재질 확인
- **욕실 바닥, 벽면** : 욕실 바닥, 벽면 재질(타일 등) 확인
- **욕실 도기 제품** : 세면기, 양변기, 욕조 등 확인
- **수납장** : 수납장 재질(시트지, 스테인리스, 플라스틱, 유리 등) 확인

② 시설물 재질에 따른 청소 도구 및 청소 세제 확인

3) 열거나 분리 할 수 있는 모든 시설물 분리

욕실 청소 실시 전 가장 먼저 욕실 내, 열거나 분리 할 수 있는 모든 시설물은 분리시켜 세제 물에 담가 놓기
- 분진 등 장기간 공사 중에 발생된 오염물질이므로 불려 놓는 시간이 필요하므로 가장 먼저 작업하는 것이 바람직하다.

■ 분리한 시설물 청소 순서

① 욕실 청소 전 배수로, 하수구, 환풍기를 분리한다.
② 세척 후, 건조시킨다.
③ 건조 후, 장착한다.

하수구 틀 및 거름망 등 분리

환풍기 틀 분리

하수구 틀, 거름망, 등 건조

건조 후 장착

청소도구의 관리방법

1. **빗자루** : 일반적으로 술이 밑으로 >> 자루를 밑으로 (모양의 변형으로 청소력을 저하한다)
2. **밀 대** : 깨끗이 세탁 후 마포가 위로 향하게 한다. (물기를 오래 머금으로 세균양성)
3. **청소기** : 청소 후 내용물을 비우고 필터를 교체한다.(내부 청소 미흡으로 세균배출)
4. **걸 레** : 사용처 용도에 맞게 분류하여 사용한다.(세균을 묻히고 다니는 결과를 초래한다)
5. **물밀대** : 물기를 완전히 제거한다.(벽, 난간, 가구나 집기류에 얼룩을 남긴다.)
6. **반 도**(휴대용가방) : 공구 보관과 종사자 안전을 위함(청소시간 절약과 사고를 예방한다.)
7. **수세미** : 용도에 맞지 않는 도구로 상품의 훼손과 스크러치를 발생(유리, 타일, 목재. 등)
8. **세 제** : 잘못된 세제사용으로 벽지나 가구등에 얼룩을 남길 수 있다.(유리창, 창틀, E/L 등 주변의 사물에 분사 시 얼룩과 찢어짐, 파손등 긴 시간과 비용이 발생할 수 있다.)
9. **장갑** : (고무장갑포함) 수시로 씻음으로 작업시 손자국과 얼룩을 남기지 않도록 한다.

4) 청소도구 및 청소 세제 준비

욕실 내부 및 시설물 청소를 위한 최적의 청소도구 및 청소 세제를 선택하여 청소 전에 미리 현장에 셋팅을 한다.

[표3] 주방 청소에 필요한 청소도구 및 청소 세제

각종 극세사 걸레	각종 바켓스	고무장갑, 속장갑
세제, 물때 제거제, 방향제	곰팡이제거제, 배수구청소	고압 스팀기, 소형 스팀기
수세미(강한, 부드러운)	매직블럭, 더블헤드브러시	스퀴지, 피스톤 압축기
갈고리헤라, 스크래퍼, 칼	빗자루	분무기

5) 보양지 제거

욕실 내부 및 시설물을 보호하기 위한 보양지를 제거한다.

보양지 제거 시 바로 제거할 수 있는 오염 물질은 함께 제거하도록 한다.

＊제거 된 보양지는 해당 건물 쓰레기장 내 분리수거함까지 입주자 대신 운반해주는 것을 권장한다.

＊보양지 제거 후, 하자가 발견될 수 있으니 꼼꼼히 확인한다.
발견 시 사진 촬영 후 고객에게 통보한다.

욕실 시설물 보양지

 주의사항

• 보양지 제거 시 접착되어 있는 보양지일 경우 칼집을 정교하게 내어 보양지 전체를 한 번에 제거해야 한다.

• 여러 번 제거 시 접착성분이 제거되는 방향으로 얼룩이 발생 할 수 있어 불필요하게 얼룩을 제거하는 청소를 할 수 있다.

• 불필요한 청소 발생 시 재질에 흠이 생기는 등 시설물의 변형이 올 수 있으므로 보양지는 주의를 기울여 제거해야 한다.

나. 욕실 내부 공간 청소하기

욕실 내부는 습한 환경으로 욕실 천장, 벽면에 곰팡이, 세균 등이 번식하기 쉽다. 또한 욕실 내부는 다른 구역과는 다르게 벽면과 천장의 재질이 특별하며, 공사 진행 시 발생한 미세먼지, 분진가루 등의 오염물질을 재질에 맞는 청소 세제 및 도구를 활용하여 깨끗하게 청소해야 한다.

1) 욕실 천장 청소

욕실 천장의 재질(SMC천장재 등)에 맞는 세제를 선택하여 천장 면에 붙어 있는 오염물질을 제거한다.

■ 욕실 천장 청소 순서

① 욕실 청소 전 환풍기가 분리 되었는지 확인한다.

* 욕실 청소 준비하기 과정에서 사전 진행

② 환풍기 주변을 진공청소기를 활용하여 분진 등 오염물질을 제거한다.

* 먼지 관련 지식(46p 참고)

③ 막대형 청소솔을 이용하여 세제 물을 묻혀 천장 구석구석을 깨끗하게 청소한다.

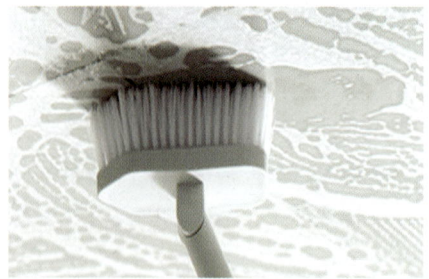

환풍기 청소기 브러시 작업　　　막대형 청소솔 사용 천장 청소

④ 젖은 걸레 → 마른걸레 순으로 물기를 제거한다.

＊ 효과적인 걸레질 TIP(50p 참고)

⑤ 손으로 오염물질 및 물기가 남아있는지 확인한다.
⑥ 욕실 천장 청소 전체 마무리 후, 물기를 제거한 환풍기 부속품을 장착한다.

욕실 천장
물기 제거

2) 욕실 벽면 청소

욕실 벽면의 재질(대부분 타일)에 맞는 세제를 선택하여 벽면에 붙어 있는 오염물질을 제거한다.

■ 욕실 벽면 청소 순서
① 벽면 전체 세제나 물을 뿌려 불려 놓는다.
② 막대형 청소솔을 이용하여 불려 놓은 벽면을 구석구석을 청소한다.
③ 물을 뿌려 세제 물을 제거한다.
④ 젖은 걸레 → 마른걸레 순으로 물기를 제거한다.
⑤ 손으로 오염물질 및 물기가 남아있는지 확인한다.

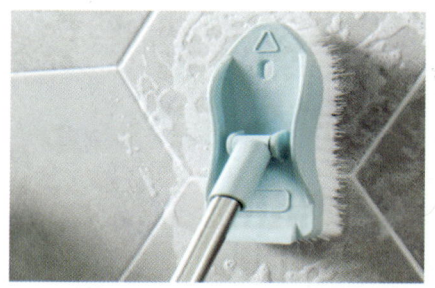

욕실 벽면 세제 물을 이용한 청소

욕실 벽면 물기 제거

다. 욕실 상·하부 시설물 청소하기

1) 욕실 상부 시설물 청소
욕실 벽면 위쪽에 위치해 있는 시설물로 수납장, 거울, 샤워부스, 선반 케이스, 수건걸이 등이 있다.

■ 욕실 상부 시설물 청소 방법
① 욕실 천장 청소 후 욕실 벽면 청소와 함께 실시하며 가장 위쪽에 위치한 시설물부터 청소를 실시한다.
② 욕실 상부 시설물별 청소를 실시한다.

[욕실 상부 시설물 : 거울]

① 물을 먼저 뿌려 분진 등 거울에 붙은 오염물질을 1차적으로 제거한다.
② 부드러운 면 또는 스펀지에 세제 물을 묻혀 닦아낸다.
③ 깨끗한 물로 세제 물을 제거한 후 유리 스퀴지를 사용하여 물기를 제거한다.
④ 마지막으로 마른걸레를 사용하여 물기를 완전히 제거한다.

벽면에 물 뿌리

유리 스퀴지를 사용하여 물기 제거

마른걸레 사용 마무리 물기 제거

[욕실 상부 시설물 : 욕실장]

① 수납장을 열어 건축 잔여물을 제거 한 후 물을 뿌려 분진 등 오염물질을 1차로 제거한다.

＊상황에 따라 물을 뿌리기 전 청소기 브러시를 이용하여 오염물질을 흡입한다.
② 수납장 내부는 부드러운 면 또는 스펀지에 세제 물을 묻혀 닦아낸다.
③ 깨끗한 물로 세제 물을 제거한다.
④ 젖은 걸레 → 마른걸레 순으로 물기를 완전히 제거한다.

욕실장 청소

[욕실 상부 시설물 : 샤워부스]
① 물을 먼저 뿌려 분진 등 샤워부스에 붙은 오염물질을 1차적으로 제거한다.
② 부드러운 솔에 세제 물을 묻혀 닦아낸다.
③ 깨끗한 물로 세제 물을 제거한 후, 유리 스퀴지를 사용하여 물기를 제거한다.
④ 마지막으로 마른걸레를 사용하여 물기를 완전히 제거한다.

샤워부스 물 뿌리기   세제 물을 활용한 청소

유리 스퀴지를 사용하여 물기 제거

마른걸레 사용 마무리 물기 제거

[욕실 상부 시설물 : 선반 케이스, 수건걸이]
① 물을 먼저 뿌려 분진 등 샤워부스에 붙은 오염물질을 1차적으로 제거한다.
② 부드러운 솔에 세제 물을 묻혀 닦아낸다.
③ 깨끗한 물로 세제 물을 제거한 후 긁개를 사용하여 물기를 제거한다.
④ 마지막으로 마른걸레를 사용하여 물기를 완전히 제거한다.

선반 케이스 등 청소

효과적인 청소 TIP

■ 유리창 이물질을 제거하는 작업
유리창(샤워부스 유리창 포함)에 붙어 있는 이물질을 깎는 작업을 통해 청소 진행

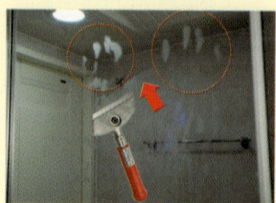

* 유리창 이물질이란? 시멘트 조각, 실리콘 등의 고체 상태로 붙어있는 이물질
[청소 방법 : 스크래퍼 사용 50%/걸레 사용 50%] 스크래퍼(大)를 이용하여 깎아 내는 작업을 실시한다.

2) 욕실 하부 시설물 청소

욕실 벽면 아래쪽에 위치해 있는 시설물로 세면기, 욕조, 양변기 등이 있다.

■ **욕실 하부 시설물 청소 방법**

① 욕실 벽면 청소와 함께 실시하며 가장 위쪽에 위치한 시설물부터 청소를 실시한다.

② 욕실 하부 시설물별 청소를 실시한다.

[욕실 하부 시설물 : 세면기, 욕조]

① 물을 먼저 뿌려 분진 등 세면기 및 욕조에 붙은 오염물질을 1차적으로 제거한다.

② 부드러운 솔에 세제 물을 묻혀 닦아낸다.

＊세면기 및 욕조에 있는 수도꼭지는 상황에 따라 칫솔 등의 작은 청소도구를 사용하여 이음새나 손이 잘 닿지 않는 부분까지 깔끔하게 닦아낸다.

③ 깨끗한 물로 세제 물을 제거 후 스팀 청소를 한다.

④ 젖은 걸레 → 마른걸레 순으로 물기를 완전히 제거한다.

욕조에 있는 오염물질

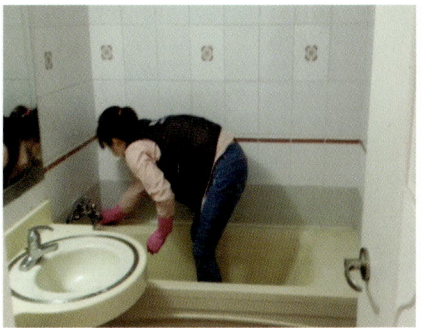

욕조 세제 물을 이용하여 청소

깨끗한 물로 세제 물 제거 및 물기 제거

부드러운 솔에 세제 물을 묻혀 청소 　　　　　이음새 부분 닦기

깨끗한 물로 닦아 내기 　　　　　스팀 청소

[욕실 하부 시설물 : 양변기]

① 물을 먼저 뿌려 분진 등 양변기에 붙은 오염물질을 1차적으로 제거한다.

② 부드러운 솔에 세제 물을 묻혀 닦아낸다.

＊ 양변기 안쪽은 양변기 전용솔을 사용하여 닦아낸다.

③ 깨끗한 물로 세제 물을 제거 후, 스팀 청소를 진행한다.
④ 젖은 걸레 → 마른걸레 순으로 물기를 완전히 제거한다.
⑤ 양변기 물을 내려 마무리

양변기 내, 부에 있는 오염 물질

양변기 청소

양변기 스팀 청소

라. 욕실 바닥 청소하기

욕실 바닥은 물기가 있는 경우가 많아 욕실 내부 공간 중에서도 가장 많이 습하므로 곰팡이, 세균 등이 번식하기 쉬운 공간이다.
특히 바닥은 대부분 타일 재질로 되어있어 재질에 맞는 청소 세제 및 청소도구를 활용하여 꼼꼼하게 청소한다.

■ 욕실 바닥 및 배수구 청소 순서

① 욕실 청소 전 배수구 시설물(틀, 거름망)을 분리하여 확인한다.
② 욕실 바닥 전체 쓸거나 물을 뿌려 분진 등 오염물질을 1차로 제거한다.
③ 배수구 안쪽 먼저 청소솔을 이용하여 깨끗하게 청소한다.
④ 청소솔에 세제 물을 묻혀 구석구석 청소한다.
⑤ 배수구, 거름망 등 배수구 시설물 깨끗하게 청소 후 물기를 제거하고 건조시킨다.
⑥ 물을 뿌려 세제 물을 제거한다.
⑦ 젖은 걸레 → 마른걸레 순으로 물기를 제거한다.
⑧ 손으로 오염물질 및 물기가 남아있는지 확인한다.
⑨ 욕실 청소 전체 완료 후, 물기를 제거한 배수구 부속품을 장착한다.

세제 물을 뿌리기

청소솔을 이용하여 바닥 청소

물기 제거

마. 고객 요청 시 욕실 타일 줄눈시공

- 줄눈 : 타일과 타일 사이에 메워져 있는 백색 시멘트
- 줄눈시공 : 기존 백색 시멘트로 메워져 있는 부분을 파내고 다른 대체재로 채우는 시공을 줄눈시공이라고 한다.

[줄눈시공 방법]

① 그라인더, 공구(헤라, 스크래퍼 등)등을 이용하여 백색 시멘트 제거

② 줄눈 재료를 배합하여 파낸 자리에 채워 넣기

③ 시공 후 샌딩 작업 후 마무리

백색 시멘트 제거

줄눈 재료 채우기　　　　　　완성된 줄눈

바. 마무리 작업

- 환기 및 최종 점검

1차 : 현장 팀장(점검표 작성) 점검표 여부 확인 후 있으면 사진 받기

2차 : 욕실 청소 전·후 사진을 고객에게 발송, 고객 최종 점검

[표7] 욕실 청소점검표

항목	내 용	Check
욕실 청소 사전준비	욕실 청소 사전 준비는 잘 되었는가?	
욕실 내부 공간 청소	욕실 천장 및 벽면 청소는 잘 되었는가?	
상·하부 시설물 청소	욕실 상·하부 시설물 청소는 잘 되었는가?	
욕실 바닥 청소	욕실 바닥 청소는 잘 되었는가?	
옵션 서비스	고객 요청 시 줄눈시공은 잘 처리 되었는가?	
마무리 작업	마무리 작업은 잘 되었는가?	

03
Balcony Cleaning
발코니 청소

발코니 공관과 시설물을 청소하고 정리정돈을 수행한다.

1. 발코니 청소의 정의

'먼지가 가장 많이 쌓이는 장소! 발코니를 청결하게 해야 한다.'

장기간 공사 중에 발생한 먼지, 유해물질 뿐만 아니라 통풍 시 실내로 들어올 수 있는 미세먼지, 오염물질 등이 가장 많이 쌓이는 장소가 발코니이다.
따라서 발코니의 상태를 파악한 후, 발코니 청소에 필요한 청소도구 및 청소세제를 준비하여 발코니 시설물의 청소관리와 발코니 천장, 발코니 바닥 등 발코니 내부의 청소와 관리를 해야 한다.

집안에서 먼지 등의 오염물질이 가장 많은 장소이므로 항상 청결하게 관리하고 쾌적한 환경을 유지시키는 것이 중요하다.

[표8] 발코니 청소 작업별 프로세스

발코니 청소 작업별 프로세스

- **발코니 청소 준비**
  - 생활하자 체크
  - 시설물 재질 확인
  - 분리 할 수 있는 시설물 분리
  - 청소도구 및 세제
  - 상태 파악 및 물품 정리

- **내부공간 청소**
  - 발코니 천장 청소
  - 발코니 벽면 청소

- **시설물 청소**
  - 건조대 봉
  - 발코니 새시
  - 수납장

- **바닥 청소**
  - 수도꼭지
  - 발코니 바닥
  - 배수구

- **마무리**
  - 환기 및 최종 점검
  - 발코니 청소 전·후 사진을 고객에게 발송

- **줄눈 시공**
  - 줄눈시공
  - **고객 요청 시/별도 비용**

2. 발코니 청소 작업별 프로세스

가. 발코니 청소 준비하기

1) 하자 체크
발코니 내부, 시설물에 대한 하자 체크
2) 시설물 재질 확인
사전 확인한 베란다 내부, 시설물에 대한 재질 확인
3) 열거나 분리할 수 있는 모든 시설물 분리 후 미리 준비한 세제 물에 담가 불려 놓기
    * 조명기구 틀, 하수구, 배수로 등
4) 청소도구 및 청소 세제 준비
5) 보양지 제거 발코니 내부 및 시설물을 보호하기 위한 보양지 제거

나. 발코니 내부 공간 청소하기

1) 발코니 천장 청소
2) 발코니 벽면 청소

다. 발코니 시설물 청소하기

1) 건조대봉 청소
2) 발코니 새시 청소
유리창 · 창틀 · 방충망 · 난간대

3) 수납장 청소

라. 발코니 바닥 청소하기
1) 수도꼭지 청소
2) 발코니 바닥 청소
3) 배수구 청소

마. 발코니 바닥 타일 줄눈시공
고객 요청 시/별도비용

바. 마무리 작업
1) 전체 마감 세척 및 최종 점검
2) 발코니 청소 전·후 사진 고객에게 전송

3. 발코니청소 작업 순서별 세부 청소 방법

가. 발코니 청소 준비하기
1) 하자체크

발코니 청소 실시 전 발코니 내·외부 및 시설물에 대한 하자 여부를 꼼꼼히 확인 후, 사진 촬영을 실시한다.

＊사전에 차단할 수 있는 문제 같은 경우 적극적으로 대처하는 것이 원활한청소작업을 위한 지름길이다.

① 발코니 내부 시설물에 대한 하자를 꼼꼼히 체크 후, 사진 촬영
- **천장 및 벽면** : 페인트 벗겨짐, 결로, 곰팡이 등
- **새시** : 뒤틀림, 곰팡이 등
- **수납장** : 곰팡이, 시트지 벌어짐, 찢어짐, 들뜸 등
- **시설물** : 건조대 미 작동, 오작동 등
- **바닥** : 타일 깨짐 및 금간 경우, 타일 공동현상 등

② 촬영한 사진을 고객에게 전송
③ 청소 중간에 발견한 하자 또한 사진 촬영후, 고객 통보

2) 시설물 재질 확인

발코니 청소 실시 전 발코니 내부 및 시설물에 대한 재질 확인을 통해 청소 장비 및 청소 세제를 올바르게 선택하여 사용함으로써, 작업 효율을 높일 수 있다.

발코니 바닥 및 벽면 재질

천장 및 수납장, 발코니 샷시 재질

① 사전 확인한 발코니 내부, 시설물에 대한 재질 확인
- **천방 및 벽면** : 페인트 및 벽면 같은 경우 부분적으로 타일 시공 확인
- **새시** : 유리, 유리 프레임 재질 확인
- **수납장** : 수납장 재질(시트지, 목재 등) 확인
- **시설물** : 건조대 재질 확인
- **바닥** : 타일 확인

② 시설물 재질에 따른 청소 도구 및 청소 세제 확인

3) 열거나 분리 할 수 있는 모든 시설물 분리 발코니 청소 실시 전 가장 먼저 발코니 내, 열거나 분리 할 수 있는 모든 시설물은 분리시켜 세제 물에 담가 놓기
- 분진 등 장기간 공사 중에 발생된 오염물질이므로 불려 놓는 시간이 필요하므로 가장 먼저 작업하는 것이 바람직하다.

■ **분리한 시설물 청소 순서**
① 발코니 청소 전 조명기구 틀, 배수구 틀 등을 분리한다.

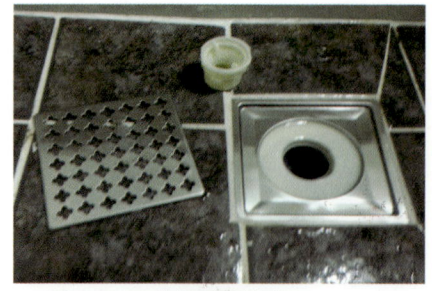
배수구 틀 분리

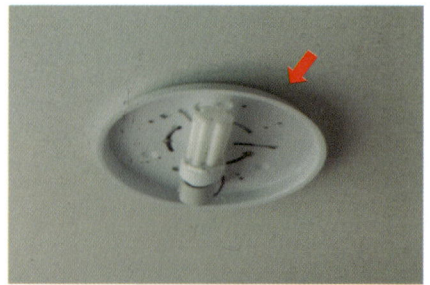
발코니 조명기구 분리

② 분리한 시설물은 세제를 넣은 물에 담가 놓는다.
③ 불려 놓은 시설물을 부드러운 수세미로 문질러 세척 한 후 건조한다.
④ 발코니 청소 마무리 후, 장착한다.

스팀 작업

배수구 틀, 뚜껑 등 건조 1

배수구 틀, 뚜껑 등 건조 2

청소 후 발코니 모습

4) 청소도구 및 청소 세제 준비

발코니 내부 및 발코니 시설물 청소를 위한 최적의 청소도구 및 청소세제를 선택하여 청소 전에 미리 현장에 셋팅한다.

[표 9] 발코니 청소에 필요한 청소도구 및 청소 세제

각종 극세사 걸레	각종 다목적세제	수세미(강한, 부드러운)
스크래퍼, 도루코칼, 헤라	고압 스팀기, 소형 스팀기	멜빵 청소기, 핸드 송풍기
스티커 제거제	유리세정제, 유리스퀴지	안전사다리, 작업용의자
드라이버, 롱로즈	붓솔, 빗자루	고무장갑, 속장갑

5) 보양지 제거

발코니 내부 및 시설물을 보호하기 위한 보양지를 제거한다.

보양지 제거 시 바로 제거 할 수 있는 오염물질은 함께 제거하도록 한다.

✷ 제거 된 보양지는 해당 건물 쓰레기장 내 분리수거함까지 입주자 대신 운반해주는 것을 권장한다.

✷ 보양지 제거 후 하자가 발견될 수 있으니 꼼꼼히 확인한다.

발견 시 사진 촬영 후, 고객에게 통보한다.

발코니 시설물 보양지

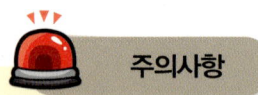
주의사항

- 보양지 제거 시 접착되어 있는 보양지일 경우 칼집을 정교하게 내어 보양지 전체를 한 번에 제거해야 한다.
- 여러 번 제거 시 접착성분이 제거되는 방향으로 얼룩이 발생 할 수 있어 불필요하게 얼룩을 제거하는 청소를 할 수 있다.
- 불필요한 청소 발생 시 재질에 흠이 생기는 등 시설물의 변형이 올 수 있으므로 보양지는 주의를 기울여 제거해야 한다.

나. 발코니 내부 공간 청소하기

장기간 동안의 공사 진행으로 인해 천장에 미세먼지, 시멘트 가루 등의 오염물질이 붙어 있는 상태이다.
가장 많이 쌓이는 장소 중 하나가 발코니 공간이므로 청결하게 청소해야 한다.

1) 발코니 천장 청소

발코니 천장의 재질(페인트)에 맞는 세제를 선택하여 천장 면에 붙어 있는 오염물질을 제거한다.

■ **발코니 천장 청소 순서**
① 발코니 청소 전 조명기기가 분리되어 있는지 확인한다.
② 청소기 브러시를 활용하여 천장에 묻어 있는 분진 등 오염물질을 제거한다.

효과적인 청소 TIP

■ **먼지는?**
먼지는 날마다 쌓인다. 눈에 보이지 않지만 공기중에는 각종 먼지(생활먼지, 외부 유입먼지 등)가 발생되며, 특히 발코니는 먼지가 가장 많이 쌓이는 장소 중 하나이다.

■ **먼지의 움직임**
(1) 각종 먼지(생활먼지, 외부 유입먼지)는 공기중에 떠다닌다.
(2) 약 2시간 정도 지나면 공기 중에 떠 있었던 먼지는 천천히 바닥으로 가라앉기 시작한다.
(3) 바닥으로 가라앉은 먼지는 공기의 흐름에 따라 벽, 가구, 집안 내 각종 시설물에 내려앉아 표면, 구석진 곳 등으로 모인다.

③ 막대형 청소도구를 활용하여 젖은 걸레 → 마른걸레 순으로 청소를 진행한다.
④ 손으로 오염물질 및 물기가 남아있는지 확인한다.
⑤ 발코니 청소 마무리 후 물기를 제거한 조명기기 틀을 제자리에 장착한다.

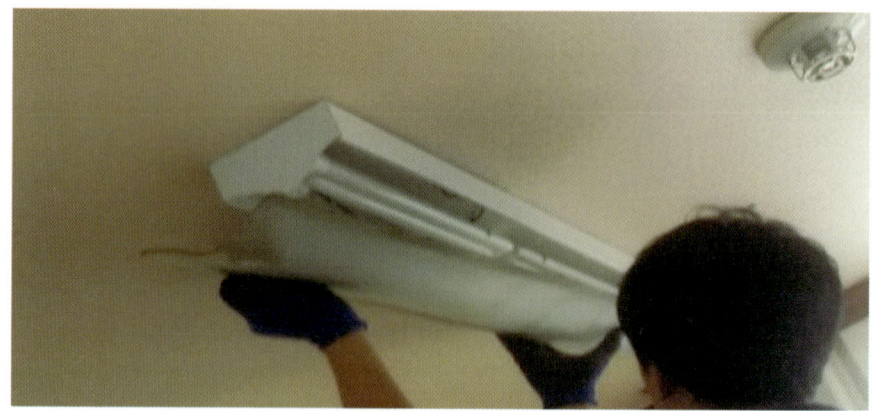

양변기 스팀 청소

2) 발코니 벽면 청소

발코니 벽면의 재질(페인트, 부분적 타일)에 맞는 세제를 선택하여 벽면에 붙어 있는 오염물질을 제거한다.

■ **발코니 벽면 청소 순서**

① 청소기 브러시를 활용하여 천장에 묻어 있는 분진 등 오염물질을 제거한다.
＊ 타일 재질일 경우 타일 재질에 세제 물을 뿌려 불려 놓기
② 막대형 청소도구를 활용하여 젖은 걸레 → 마른걸레 순으로 청소를 진행한다.
＊ 타일 재질일 경우 불려 놓은 타일에 물을 뿌려 세제 물을 제거 후 젖은 걸레 → 마른걸레 순으로 청소를 진행한다.
③ 손으로 오염물질 및 물기가 남아있는지 확인한다.

발코니 벽면 청소

다. 발코니 시설물 청소하기

발코니 시설물(건조대봉, 발코니 새시, 다용도실)의 재질에 맞는 청소도구 및 청소세제를 선택하여 쌓여 있는 오염물질을 깨끗하게 제거한다.

1) 건조대봉 청소

■ **건조대봉 청소 순서**

① 건조대봉은 분리하여 세제 물을 부은 뒤, 수세미를 이용하여 부드럽게 문지른다.
② 건조대 틀은 걸레에 세제 물을 묻혀 부드럽게 문지른다.
③ 세척한 건조대봉은 물을 부어 거품을 제거한 뒤 젖은 걸레 → 마른걸레 순으로 물기를 제거한다. 건조대 틀도 젖은 걸레 → 마른거레 순으로 물기를 제거한다.
④ 손으로 오염물질 및 물기가 남아있는지 확인한다.

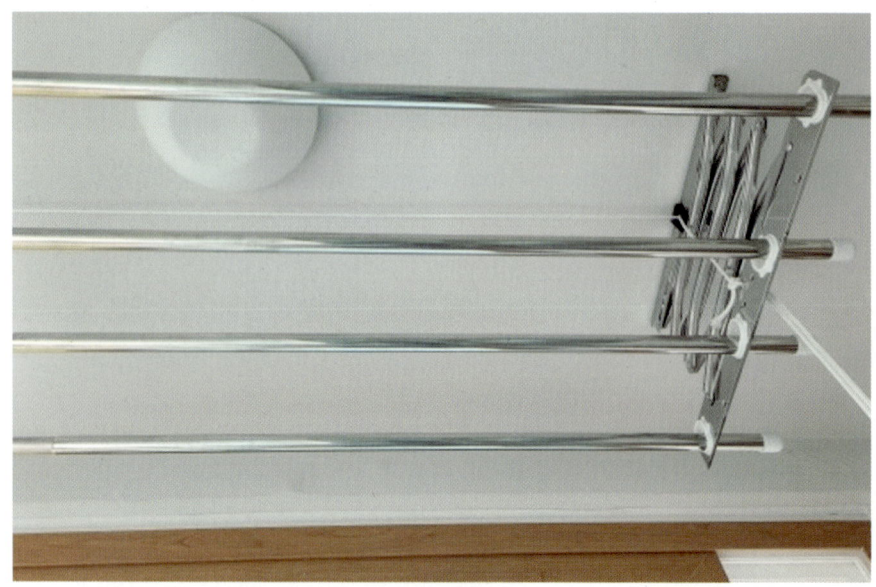
건조대봉

2) 발코니 새시(유리, 방충망 포함) 청소

발코니 새시는 외부 오염물질이 들어오는 통로이며, 공사로 인한 분진 등의 오염물질까지 쌓여 있으므로 더욱더 꼼꼼히 청소를 하는 것이 좋다.

[발코니 : 방충망]
① 진공청소기를 이용하여 방충망에 붙어 있는 오염물질을 흡입한다.
② 세제 물을 분무기를 활용하여 분사한다.
＊브러시 솔로 가볍게 털어 내거나, 선풍기를 내부에서 창 쪽으로 작동하여 부드러운 솔로 털어낸다.
③ 오염정도에 따라 불리는 시간을 가진 뒤, 젖은 걸레 → 마른걸레 순으로 물기를 제거한다.

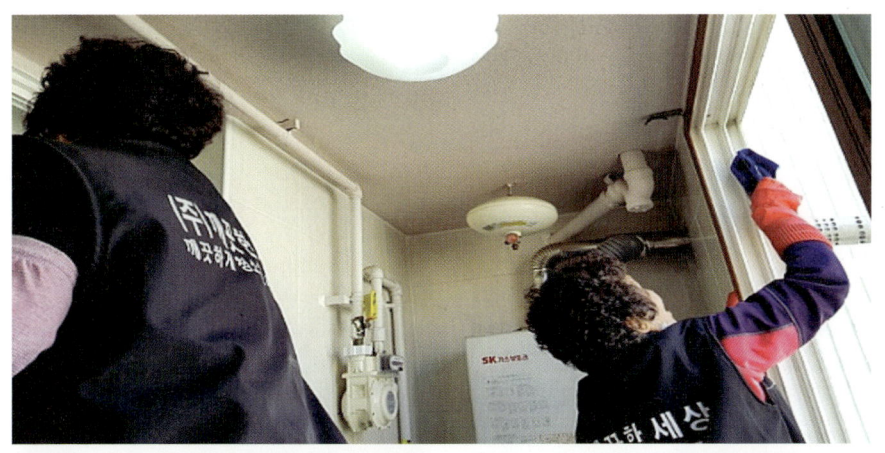
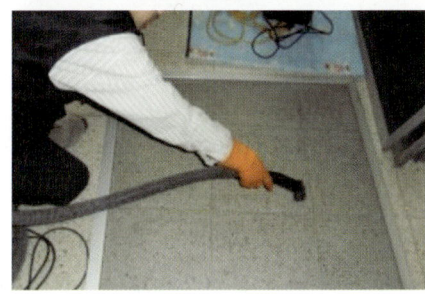

발코니 방충망 청소

[발코니 : 창틀]

창틀 청소 시 유의 할 점은 확장형 발코니, 미 확장형 발코니로 구분하여 상황에 맞는 청소를 진행해야 한다.

① 미 확장형 발코니

물배수가 가능하므로

ⓐ 창틀에 물을 뿌려 오염물질이 쉽게 제거 할 수 있도록 불린다.

단, 위쪽 창틀 같은 경우 분무기를 이용하여 오염물질을 제거한다.

(b) 수세미로 부드럽게 문지른 뒤 젖은 걸레 → 마른걸레 순으로 물기를 제거한다.

미 확장형 발코니

② 확장형 발코니

물배수가 안되므로

(a) 작은 붓으로 먼지를 한쪽으로 쓸어 모은 뒤, 진공청소기를 이용하여 흡입한다.

(b) 젖은 걸레 → 마른 걸레 순으로 남아 있는 오염물질을 제거한다.

미 확장형 발코니 1   미 확장형 발코니 2

[발코니 : 유리창/문틀]
창문, 틀의 재질에 맞는 세제를 선택하여 창문과 틀에 붙어 있는 각종 오염물질을 제거한다.

[발코니 : 유리창]
① 유리 세정제 유리창에 물 뿌린다.
② 청소솔로 문지르기
③ 스퀴지로 물기를 제거한다.
④ 마른걸레 활용하여 닦는다.

■ 창문, 틀 청소 순서
① 고정된 내창 → 고정된 외창 → 분리한 창문 순으로 청소한다.
② 분리 될 수 있는 창은 분리하여 물청소가 가능한 장소로 옮긴다.

▶ 고정된 내창 및 분리한 창문 자리의 창문틀 청소
(a) 고정된 내창은 먼저 진공청소기를 이용하여 유리창, 창문틀 등 틈새에 있는 오염물질을 1차로 제거한다.
(b) 스팀 작업을 통해 창문과 틀에 오랜 시간 쌓여 있던 묵은 먼지를 불린다.
✽ 유리창보다 창틀에 묵은 먼지가 많으며 특히, 창틀 실리콘 부분의 먼지는 세제와 걸레질만으로는 제거되기 쉽지 않으므로 스팀 작업이 좋은 청소 방법이다.
(c) 유리 전용 세제를 분무기로 뿌린 뒤, 불린다.
(d) 물을 뿌려 긁개 또는 유리 스퀴지를 이용하여 세제 물 및 물기를 제거한다.
✽ 높이에 따라 사다리 사용
(e) 마른 극세사 걸레를 활용하여 물기를 제거한다.

▶ 분리한 창문 청소

(a) 분리한 창문은 물청소가 가능한 장소로 옮긴다.

(b) 고정된 내창 청소와 동일하게 진행한다.

다만, 분리한 창문은 보통 물청소가 가능한 위치로 옮기므로 배수 걱정 없이 물 세척을 자유롭게 할 수 있다.

(c) 분리한 창은 고정된 외창 청소가 마무리 되면 제자리에 장착한다.

＊장착 후 창문 열고, 닫기를 실시한다.

▶ 난간대 청소

난간대 청소 순서 방충망 → 유리창/창틀 → 난간대 순으로 청소한다.

(a) 유리창·창틀 청소 진행 중 세제 물을 분무기를 활용하여 난간대에 분사해둔다.

＊브러시로 가볍게 털어 내거나, 선풍기를 내부에서 창 쪽으로 작동하여 부드러운 솔로 털어낸다.

(b) 오염정도에 따라 불리는 시간을 가진 뒤, 세제 물을 묻힌 부드러운 솔을 이용하여 오염물질을 닦아낸다.

(c) 젖은 극세사 걸레 → 마른 극세사 걸레 순으로 물기를 제거한다.

효과적인 청소 TIP

■ 유리창 이물질을 제거하는 작업

유리창(샤워부스 유리창 포함)에 붙어 있는 이물질을 깎는 작업을 통해 청소 진행

＊유리창 이물질이란? 시멘트 조각, 실리콘 등의 고체 상태로 붙어있는 이물질

[청소 방법 : 스크래퍼 사용 50% / 걸레 사용 50%] 스크래퍼(大)를 이용하여 깎아 내는 작업을 실시한다.

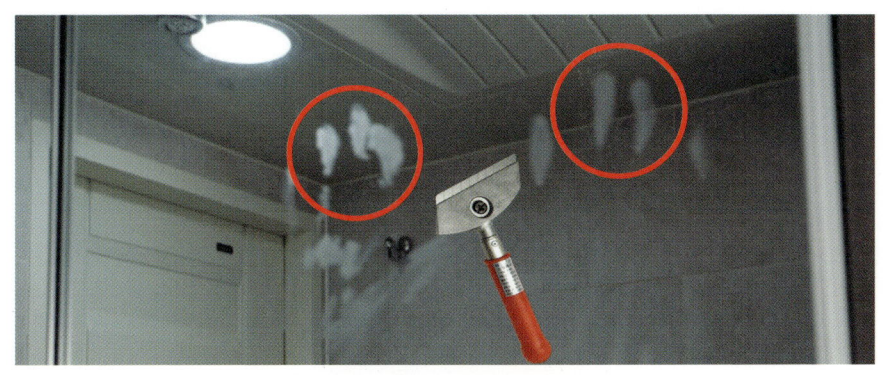

청소 필요지식

■ 유리창 닦는 순서

〈작은 창문 닦는 순서〉   〈큰 창문 닦는 순서〉

NCS 자료 참고

3) 수납장 청소

■ 수납장 청소 순서

① 수납장을 열어 공사 중에 발생한 건축 잔여물, 오염물질을 1차로 제거한다.
② 수납장 내 선반 및 서랍을 탈거한다.
③ 서랍장 내부 및 탈거한 선반, 서랍을 꼼꼼히 세척한다.

* 청소기 브러시를 이용하여 수납장 안쪽 공간, 벽면, 레일까지 빠짐없이 분진을 흡입한다. 탈거한 선반, 서랍도 청소기 브러시를 이용하여 흡입한다.
* 브러시 작업을 하지 않고 젖은 걸레로 바로 닦아 버리면 모서리 및 레일에 톱밥, 분진이 남아 있을 수 있기 때문에 브러시 작업은 필수 작업임
* 청소기 브러시 작업이 어려울 때 작은 붓으로 먼지를 한쪽으로 쓸어 모은 뒤, 진공청소기를 이용하여 흡입한다.
* 분진 흡입 후 젖은 걸레 → 마른 걸레 순으로 반복해서 닦는다.
* 손으로 만졌을 때 먼지가 느껴지지 않을 때까지 닦는다.

④ 탈거한 선반 및 서랍을 조립한다.

수납장 내부 청소 완료 및 탈거한 선반 및 서랍을 조립한다.

* 습기 및 냄새 제거를 위해 환기 필요

수납장 선반 청소

라. 발코니 바닥 청소

발코니 유리창, 벽면 타일, 창틀 등 물청소를 한 상태로 발코니 바닥에 물기가

있으므로 곰팡이, 세균 등의 번식을 막기 위해 바닥 청소가 필요하다.
또한 공사로 인한 분진 등 오염물질이 많은 상태며, 타일 재질로 되어있는 경우가 대부분이므로 재질에 맞는 청소 세제 및 청소 도구를 활용하여 꼼꼼하게 청소를 해야 한다.

■ **발코니 바닥 및 배수구 청소 순서**
① 발코니 청소 전 배수구 시설물(틀, 거름망) 분리가 되었는지 확인한다.
② 발코니 바닥의 분진 등의 오염물질을 진공청소기를 이용하여 1차로 제거한다.
③ 배수구 안쪽 먼저 청소솔을 이용하여 깨끗하게 청소한다.
④ 발코니 바닥 전체 세제를 뿌린 뒤 청소 솔로 분진 등 오염물질을 제거한다.
⑤ 배수구, 거름망 등 배수구 시설물을 깨끗하게 청소하고 물기를 제거 후, 건조시킨다.
⑥ 물을 뿌려 세제 물을 제거한다.
⑦ 젖은 걸레 → 마른걸레 순으로 물기를 제거한다.
⑧ 손으로 오염물질 및 물기가 남아있는지 확인한다.
⑨ 발코니 청소 전체 완료 후 물기를 제거한 배수구 부속품 장착한다.

발코니 방충망 청소

발코니 바닥 청소

마. 고객 요청 시 욕실 타일 줄눈시공

- 줄눈 : 타일과 타일 사이에 메워져 있는 백색 시멘트
- 줄눈시공 : 기존 백색 시멘트로 메워져 있는 부분을 파내고 다른 대체재로 채우는 시공을 줄눈시공이라고 한다.

[줄눈시공 방법]
① 그라인더, 공구(헤라, 스크래퍼 등)등을 이용하여 백색 시멘트 제거
② 줄눈 재료를 배합하여 파낸 자리에 채워 넣기
③ 시공 후 샌딩 작업 후 마무리

백색 시멘트 제거

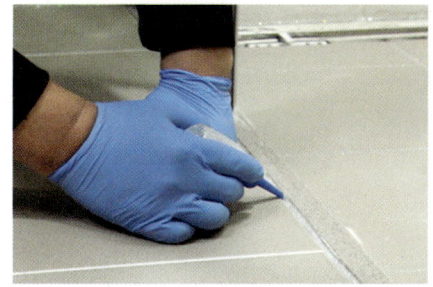 

줄눈 재료 채우기 　　　　　　　　　완성된 줄눈

바. 다용도실 청소

보일러 시설 및 세탁기, 수도시설, 수납장등으로 구성되어 있으며 세탁실의 기능이 강한 공간이다.

구석진 공간에 위치해 있어 환기가 중요한데, 환기 중 발생하는 먼지 등 오염물질이 구석진 곳까지 쌓여 있는 경우가 많으므로 재질에 맞는 청소 세제 및 청소도구를 활용하여 깨끗하게 청소를 진행한다.

■ 다용도실 청소 순서

천장 → 수납장 → 세탁기 → 벽면 → 바닥 순으로 청소를 진행한다.

＊ 천장/유리창(틀)/수납장/벽면/바닥 청소 방법 및 순서는 발코니 청소 가, 나, 다, 라, 마,

바와 동일하다.

＊ 청소 전 다용도실 벽면, 바닥에 있는 생활 쓰레기들을 정리한다.

사. 마무리 작업

- 환기 및 최종 점검

1차 : 현장 팀장(점검표 작성)

점검표 여부 확인 후 있으면 사진 받기

2차 : 발코니 청소 전·후 사진을 고객에게 발송, 고객 최종 점검

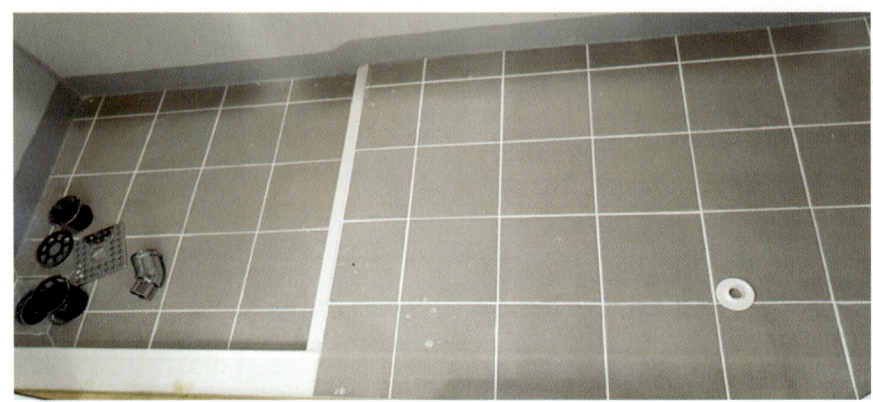

 **청소의 함정(?)**

1. 청소는 대부분 자기가 어지르고 자기가 청소한다.
2. 청소기 내부 청소 미흡으로 세균증식
3. 용도에 맞지 않는 세제와 도구로 상품을 훼손(수세미, 스크러치, 유리, 타일, 목재)
4. 유리창 : 손자국, 더러운 걸레, 순서 없이 반복
5. 벽   지 : 부주의로 시간과 비용 배상(묻히고, 찢고, 파손등)

[표 10] 발코니 청소점검표

항목	내 용	Check
발코니 청소 사전준비	발코니 청소 사전준비는 잘 되었는가?	
발코니 내부 공간 청소	발코니 천장 및 벽면 청소는 잘 되었는가?	
발코니 시설물 청소	발코니 시설물(건조대봉, 새시 일체, 수납장 등) 청소는 잘 되었는가?	
발코니 바닥 청소	발코니 바닥 청소는 잘 되었는가?	
옵션 서비스	고객 요청 시 줄눈시공은 잘 처리 되었는가?	
마무리 작업	마무리 작업은 잘 되었는가?	

04

Bedroom, Living Room Cleaning
침실, 거실 청소

침실 및 거실 공관과 시설물을 청소하고 정리정돈을 수행한다.

1. 침실·거실 청소의 정의

'가족의 주생활 공간 침실과 거실! 일상의 회복을 위한 쾌적한 환경이 필요하다.'

주생활 공간으로써 침실과 거실은 휴식과 수면을 취하고, 가족 간의 소통을 위한 장소이다. 피곤하고 지친 하루를 회복시켜줌으로써 다음 날 건강한 일상을 가능할 수 있도록 쾌적하고 위생적인 관리가 필요하다.
따라서 침실과 거실의 상태를 파악한 후, 청소에 필요한 청소도구 및 청소 세제를 준비하여 아트 월, 붙박이장 등의 시설물의 청소관리와 바닥, 천장, 벽면 등 방, 거실 내부의 청소관리를 해야 한다.

가족의 주생활 공간이므로 위생적으로 관리하여 쾌적한 환경을 유지시키는 것이 중요하다.

[표 11] 침실·거실 청소 작업별 프로세스

침실·거실 청소 작업별 프로세스

침실/거실 청소 준비	* 생활하자 체크 * 시설물 재질 확인 * 분리 할 수 있는 시설물 분리 * 청소도구 및 세제 * 상태 파악 및 물품 정리
내부공간 청소	* 천장, 전등, 소방시설, 몰딩 * 벽면
시설물 청소	* 붙박이장 * 문, 창문(틀), 방충망
바닥 청소	* 바닥 청소
마루 코팅	* 마루코팅 * 고객 요청 시/별도 비용
마무리	* 환기 및 최종 점검 * 침실/거실 청소 전/후 사진을 고객에게 발송
홈 케어 서비스	* 매트리스 청소 * 소파청소 * (시스템)에어컨 청소

2. 침실·거실 청소 작업별 프로세스

가. 침실·거실 청소 준비하기

1) 하자 체크

침실·거실 내부, 시설물에 대한 하자 체크

2) 시설물 재질 확인

사전 확인한 침실·거실 내부, 시설물에 대한 재질 확인

3) 열거나 분리할 수 있는 모든 시설물 분리 후 미리 준비한 세제물에 담가 불려 놓기(조명기구, 소방기기 틀 등)

4) 청소도구 및 청소 세제 준비

5) 보양지 제거

침실·거실 내부 및 시설물을 보호하기 위한 보양지 제거

나. 침실·거실 내부 공간 청소하기

1) 침실·거실 조명기기, 소방기기 및 천장 청소

2) 시스템 에어컨 청소

3) 침실·거실 몰딩 및 벽면 청소

4) 전기류 콘센트 청소

다. 침실 · 거실 시설물 청소하기
1) 붙박이장 청소
2) 문, 창문(틀), 방충망 청소

라. 침실 · 거실 바닥 청소하기
마루 청소
단, 침실 내부 바닥이 장판일 경우 다른 방법으로 청소

마. 마루 코팅 작업
고객 요청 시/별도비용

바. 마무리 작업
1) 환기 및 최종 점검
2) 침실 · 거실 청소 전 · 후 사진 고객에게 전송

3. 침실 · 거실 청소 작업 순서별 세부 청소 방법

가. 침실 · 거실 청소 준비하기
1) 하자 체크
침실 · 거실 청소 실시 전 침실, 거실 내부 및 시설물에 대한 하자 여부를 꼼꼼히 확인 후, 사진 촬영을 실시한다.
＊사전에 차단할 수 있는 문제 같은 경우 적극적으로 대처하는 것이 원활한 청소작업을 위한 지름길이다.

벽지 들뜸

마루 들뜸 및 줄눈시공 들뜸

① 침실·거실 내부, 시설물에 대한 하자를 꼼꼼히 체크 후 사진 촬영
- **천장 및 벽면** : 벽지 찢어짐, 들뜸, 결로, 곰팡이 등
- **붙박이장** : 시트지 벌어짐, 뒤틀림, 들뜸 등
- **시스템 에어컨** : 결로, 벌어짐 등
- **바닥** : 마루 재질 벌어짐, 들뜸, 금간 경우 등

② 촬영한 사진을 고객에게 전송
③ 청소 중간에 발견한 하자 또한 사진 촬영 후 고객 통보

2) 시설물 재질 확인

침실·거실 청소 실시 전, 침실·거실 내부 및 시설물에 대한 재질 확인을 통해 청소 장비 및 청소 세제를 올바르게 선택하여 사용함으로써, 작업 효율을 높일 수 있다.

침실 붙박이장, 에어컨, 바닥 재질

붙박이장 내부 재질

거실 바닥, 벽면, 전등 재질

① 사전 확인한 침실·거실 내부, 시설물에 대한 재질 확인
- **천장 및 벽면** : 벽지 재질
- **붙박이장** : 붙박이장 재질(시트지, 목재 등) 확인
- **바닥** : 마루 재질 확인

3) 열거나 분리 할 수 있는 모든 시설물 분리

침실·거실 청소 실시 전 가장 먼저 열거나 분리 할 수 있는 모든 시설물은

분리시켜 세제 물에 담가 놓기

＊분진 등 장기간 공사 중에 발생된 오염물질이므로 불려 놓는 시간이 필요하므로 가장 먼저 작업하는 것이 바람직하다.

■ 분리한 시설물 청소 순서

① 침실·거실 청소 전 조명기구 틀을 분리한다.

조명기구 틀 분리 1

② 불려 놓은 시설물을 부드러운 수세미로 문질러 세척 한 후 건조한다.

세척 전   세척 후

③ 침실·거실 청소 마무리 후, 장착한다.

 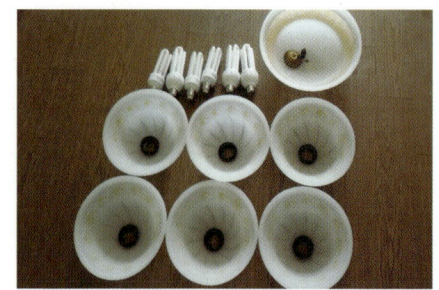

| 조명등 분리, 세척, 건조 | 건조한 시설물 제자리에 장착 |

4) 청소도구 및 세제 준비

침실·거실 내부 및 시설물 청소를 위한 최적의 청소도구 및 청소 세제를 선택하여 청소 전에 미리 현장에 셋팅한다.

[표12] 침실·거실 청소에 필요한 청소도구 및 세제

| 각종 극세사 걸레 | 각종 양동이 | 고압청소기, 멜빵청소기 |

고압 스팀기, 스팀청소기	피톤치드, 방향제	안전 사다리, 작업용의자
매직블럭, 주방용수세미	마루용 리스킹 걸레	다목적 세제
각종 스크래퍼, 칼	스티커 제거제	붓솔, 빗자루

5) 보양지 제거

발코니 내부 및 시설물을 보호하기 위한 보양지를 제거한다.

보양지 제거 시 바로 제거 할 수 있는 오염물질은 함께 제거하도록 한다.

＊ 제거 된 보양지는 해당 건물 쓰레기장 내 분리수거함까지 입주자 대신 운반해주는 것을 권장한다.

＊ 보양지 제거 후 하자가 발견될 수 있으니 꼼꼼히 확인한다.

발견 시 사진 촬영 후 고객에게 통보한다.

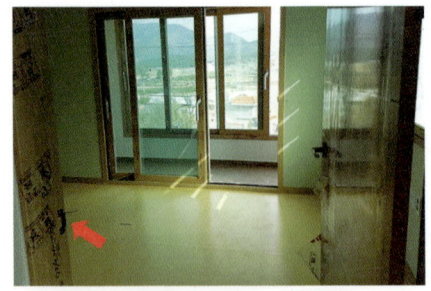

침실·거실 시설물 보양지

 주의사항

- 보양지 제거 시 접착되어 있는 보양지일 경우 칼집을 정교하게 내어 보양지 전체를 한번에 제거해야 한다.
- 여러 번 제거 시 접착성분이 제거되는 방향으로 얼룩이 발생 할 수 있어 불필요하게 얼룩을 제거하는 청소를 할 수 있다.
- 불필요한 청소 발생 시 재질에 흠집이 생기는 등 시설물의 변형이 올 수 있으므로 보양지는 주의를 기울여 제거해야 한다.

나. 침실, 거실 내부 공간 청소하기

1) 침실 · 거실 조명기기, 소방기기 및 천장 청소

침실 및 거실 천장은 위치상 매일 또는 자주 청소를 할 수 없는 공간으로, 천장에는 미세먼지, 분진, 벌레 등의 오염물질이 붙어 있는 상태이다.

오염물질이 많이 쌓이나, 관리가 어려운 공간이므로 전문적인 청소가 필요하다.

■ **침실 · 거실 조명기기 및 소방기기 청소 순서**

조명기기 재질에 맞는 세제를 선택하여 조명기기 내부와 조명기기 틀에 붙어 있는 오염물질을 제거한다.

① 천장 청소 전, 조명기기 및 소방기기 틀 분리 되었는지 확인한다.

＊ 청소 준비하기 과정에서 사전 진행

② 조명기기 내부를 마른걸레를 활용하여 각종 벌레, 분진 등 오염물질을 제거한다.

③ 걸레에 세제 물을 묻혀 조명기기 및 소방기기 내부를 깨끗하게 청소한다.

④ 젖은 걸레 → 마른걸레 순으로 물기를 제거한다.

＊ 효과적인 걸레질 TIP(50p 참고)

조명기기 오염물질

⑤ 손으로 오염물질 및 물기가 남아있는지 확인한다.

⑥ 천장 청소 전체 마무리 후 물기를 제거한 조명기기 및 소방기기 틀 장착한다.

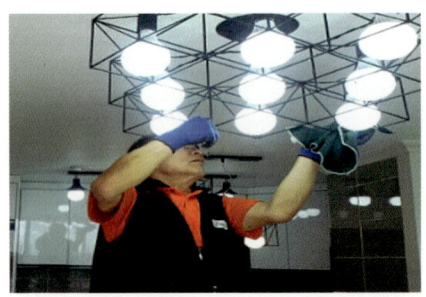

조명기기 및 소방기기 청소

■ 천장 청소 순서

천장의 재질(벽지 등)에 맞는 세제를 선택하여 천장 면에 붙어 있는 오염물질을 제거한다.

① 천장 청소 전 조명기기, 소방기기 및 시스템 에어컨 등 분리 확인한다.

(113p 조명기기 청소 내용 참고)

② 먼지떨이(정전기포 등)와 청소기 브러시를 활용하여 천장에 묻어 있는 미세먼지 등 오염물질을 제거한다.

③ 젖은 걸레가 부착된 막대 걸레를 이용하여 청소 후, 건조시킨다.

천장 청소   에어컨 커버 분리

2) 시스템 에어컨 청소

침실 및 거실에 설치된 시스템 에어컨은 설치 위치, 기능적인 면(습기 등), 특수 부속품 때문에 청소가 쉽지 않다.

기본적인 청소만으로 관리 될 수 있도록 에어컨 내부까지 깨끗하게 청소하는 것이 중요하다.

■ 시스템 에어컨 내부 및 분리 부속품 청소 순서

① 안전한 작업을 위해 에어컨 차단기를 내린다.

② 에어컨 커버를 분리한다.

＊ 제품에 따라 커버 개수가 다를 수 있으며, 커버 분리를 위해 나사를 풀어야 하므로 분실되지 않도록 주의

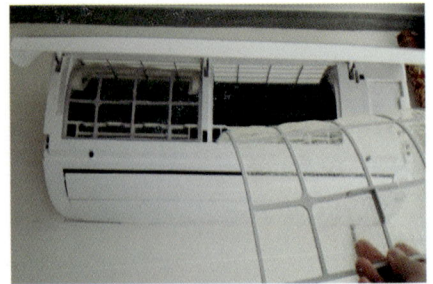

시스템 에어컨 청소

* 청소 진행 시, 안전에 대한 주의를 참고한다.

③ 에어컨 내부 부속품(모터, 팬 등)을 분리한다.

④ 분리한 부속품은 살균세정제를 이용하여 고압 세척 후, 마른 극세사 걸레를 이용하여 습기 제거 및 건조를 한다.

⑤ 에어컨 내부에 쌓인 먼지, 벌레 제거를 위해 진공청소기 및 젖은 걸레로 오염물질을 제거한다.

* 청소 작업 중에 오염 폐수가 발생되므로 주의하여 청소를 진행한다.

⑥ 1차 작업한 에어컨 내부 살균처리 진행 후, 마른 극세사 걸레 습기 제거 및 건조를 한다.

* 냉방기가 가동 되는 원리를 이해하면 어느 부분을 세척해야 하는지를 알 수 있다.

⑦ 건조된 부속품을 조립한다.

 **주의사항**

■ 시스템 에어컨 청소 시

에어컨 제품의 기본 지식이 있는 전문 작업자가 진행하는 것이 바람직하다.

• 복잡한 부속품 분리 후 조립 가능
• 냉방기 가동 원리 이해를 통한 세척부분 파악 가능

■ 시스템 에어컨 청소 시 안전에 대한 각별한 주의가 필요하다

• 감전에 대한 주의

에어컨 내부 청소 작업 중 감전사고가 일어날 수 있다. 그러므로 전기를 차단한 뒤 청소 를 진행해야 한다.

• 추락에 대한 주의

에어컨 내부 청소를 위해서는 사다리 등에 올라가서 청소작업을 진행해야 하므로 안전수칙을 지키지 않는다면 작업 중 사다리에서 추락 할 수 있으므로 안전수칙을 준수하여 청소를 진행해야 한다.

• 먼지 주의

나사를 풀거나 커버를 분리하는 과정에서 부스러기들이 눈에 들어갈 수 있으므로 주의해야 한다.

• 폐수 제거 시 주의

냉각핀에 고여 있는 폐수 제거 시, 작업자의 몸(눈, 피부 등)에 묻지 않도록 주의해야 한다.

3) 침실 · 거실 몰딩 및 벽면 청소

벽면은 침실 및 거실 공간 중 사방으로 나 있는 공간이며, 위치상 매일 또는 자주 청소를 진행하기 어렵다.

오랜 공사기간 동안 벽면에 쌓여 있던(특히 모서리, 위쪽 부분 등) 미세먼지, 분지 등의 오염물질이 많이 쌓여 있으므로 전문적인 청소가 필요하다.

■ **벽면 청소 순서**
① 먼지떨이와 청소기 브러시를 활용하여 벽면에 붙어 는 미세먼지 등 오염물질을 제거한다.
② 젖은 걸레가 부착된 막대 걸레를 이용하여 청소 후, 건조시킨다.

벽면 청소

■ 몰딩 청소 순서

① 몰딩에 도배용 풀 및 먼지 등의 오염물질이 쌓여있는 상태이므로 정전기 포, 마른 극세사 걸레로 먼저 오염물질을 털어낸다.

＊도배용 풀은 잘 닦아지지 않으므로 스크래치가 나지 않도록 먼저 마른 걸레를 이용하여 깨끗이 닦아내도록 한다.

② 전용 세정제를 마른 극세사 걸레에 뿌린 뒤 걸레를 이용하여 손으로 직접 전체 몰딩을 닦아낸다.

③ 마른 극세사 걸레로 한 번 더 닦아낸다.

4) 전기류 콘센트 청소

전기 콘센트 청소를 위한 최적의 청소도구 및 청소 세제를 선택하여 청소 전에 미리 현장에 셋팅을 한다.
특히 안전을 위한 안전장비의 셋팅이 가장 중요하다.

전기 콘센트 청소

■ **전기 콘센트 청소 순서**

① 전기 콘센트 청소 전 전기를 차단 한 뒤 2차적으로 플러그에 전기 안전 마개를 꽂아 안전에 유의한다.

② 마른 극세사 걸레에 전용 세정액을 뿌린 뒤 콘센트 주변을 문질러 닦는다.

③ 젖은 극세사 걸레 → 마른 극세사 걸레 순으로 세정 작업 후, 습기를 완전히 제거 한다.

 주의사항

■ **청소 진행 시 안전에 대한 각별한 주의가 필요하다.**

• 감전에 대한 주의

작업 중 감전사고가 일어 날 수 있다.

그러므로 전기에 따른 안전수칙을 준수하여 청소를 진행해야 한다.

① 1단계 : 전기 차단 후, 청소 실시
② 2단계 : 콘센트에 꽂혀 있는 플러그 뽑기
③ 3단계 : 전기 안전 마개를 꽂은 뒤 청소 실시

다. 침실 · 거실 시설물 청소하기

침실, 거실 공간에 위치한 붙박이장, 문(틀), 창문(틀), 방충망 등은 크기, 기능적인 면 등의 이유로 청소가 쉽지 않다.
특히 공사기간에 발생한 분진, 미세먼지 등 오염물질이 많이 쌓여 있으므로 전문적인 청소가 필요하다.

1) 붙박이장 청소

침실, 거실 등에 있는 붙박이장의 재질(나무, 유리, 철재 등)에 맞는 청소 세제를 선택하여 붙박이장에 묻어 있는 오염물질을 제거한다.

■ **붙박이장 청소**

① 전체 붙박이장을 열어 공사 중에 발생한 건축 잔여물, 오염물질을 1차로 제거 한다.
② 붙박이장 전체 선반 및 서랍을 탈거한다.
③ 붙박이장 내부 및 탈거한 선반, 서랍을 꼼꼼히 청소한다.
(a) 청소기 브러시를 이용하여 붙박이장 안쪽 공간, 벽면, 레일까지 빠짐없이 분진을 흡입한다. 탈거한 선반, 서랍도 청소기 브러시를 이용하여 흡입한다.
＊브러시 작업을 하지 않고 젖은 걸레로 바로 닦아 버리면 모서리 및 레일에 톱밥, 분진이 남아 있을 수 있기 때문에 브러시 작업은 필수 작업임
(b) 분진 흡입 후 젖은 걸레 → 마른 걸레 순으로 반복해서 닦는다.
＊손으로 만졌을 때 먼지가 느껴지지 않을 때까지 닦는다.
④ 탈거한 선반 및 서랍을 조립한다.
붙박이장 내부 청소 완료 및 탈거한 선반 및 서랍을 조립한다.
＊습기 및 냄새 제거를 위해 환기 필요

붙박이장 청소

■ 문(틀) 창문, 틀 청소 순서

① 분리 될 수 있는 창은 분리하여 물청소가 가능한 장소로 옮긴다.
② 브러시 진공청소기를 이용하여 유리창, 창문틀 등 틈새에 있는 오염물질을 1차로 제거한다.
③ 유리 전용 세제를 분무기를 이용하여 뿌린 뒤 불린다.
④ 물을 뿌려 유리 스퀴지를 이용하여 세제물 및 물기를 제거한다.
＊높이에 따라 사다리 이용
⑤ 마른 극세사 걸레를 이용하여 물기를 제거한다.
⑥ 분리한 창은 위와 같은 방법으로 세척한 뒤, 습기를 제거하여 제자리에 장착한다.
＊장착 후 창문 열고, 닫기를 실시한다.

라. 침실·거실 바닥 청소하기

입주 청소 각 구역별 청소에서 가장 넓은 공간이며 공사 기간 중 쌓여 있던 분진, 미세먼지 뿐 아니라 청소 중 발생하는 먼지가 가장 많이 발생하는 공간이므로 전문적인 장비 및 청소 세제를 선택하여 오염물질을 제거해야 한다. 청소로 물기 없이 깨끗하게 청소한다.

■ 침실·거실 청소 순서

① 미세먼지, 분진 등의 각종 오염물질을 진공청소기를 이용하여 1차적으로 제거 한다.
② 세정 작업 광택기에 브러시 또는 융을 사용하여 폴리싱 작업을 한다.
③ 세밀 작업 잘 벗겨지지 않는 찌든 때일 경우 스크래퍼를 이용하여 세밀하

게 작업한다.

④ 충분한 시간을 두고 바닥을 건조 시킨다.

⑤ 광택 작업 청결한 바닥 유지를 위해 광택 작업을 한다.(2~3회)

＊ 별도 비용/고객 요구 시

바닥 청소

마. 마루 코팅 작업

거실 바닥재 및 오염도를 감안하여 바닥 청소를 마친 상태에서 건조를 시켜도 깨끗하게 청소가 마무리 되나, 거실 코팅 작업을 함으로써 거실 바닥의 수명 연장 및 청결 유지 관리의 차원에서 바닥의 광택을 유지하는 것이 좋다.

거실 바닥 광택작업

■ 광택 작업 순서

① 마룻바닥 청소를 마친 후, 물기 없이 건조 시킨다.

＊ 건조 시, 찌든 때가 보인다면 스크래퍼를 통해 세밀하게 작업한다.

② 물기(습기) 여부 확인 후, 완전히 건조된 것을 확인 후, 왁스를 도포한다.

③ 광택기에 브러시 또는 융을 사용하여 폴리싱 작업을 한다.

④ 왁스 도포 폴리싱 작업을 2~3회 정도 반복해서 작업한다.

바. 마무리 작업

- 환기 및 최종 점검

1차 : 현장 팀장 (점검표 작성) 점검표 여부 확인 후 있으면 사진 받기

2차 : 마루 청소 전·후 사진을 고객에게 발송, 고객 최종 점검

[표13] 마루 청소점검표

항목	내용	Check
침실·거실 청소 사전준비	침실·거실 청소 사전 준비는 잘 되었는가?	
침실·거실 내부 공간 청소	침실·거실 천장 및 벽면 청소는 잘 되었는가?	
침실·거실 시설물 청소	침실·거실 시설물(붙박이장, 문, 창문(틀) 방충망 등) 청소는 잘 되었는가?	
침실·거실 바닥 청소	침실·거실 바닥 청소는 잘 되었는가?	
옵션 서비스	고객 요청 시 마루 코팅은 잘 처리 되었는가?	
마무리 작업	마무리 작업은 잘 되었는가?	

05
Porch Cleaning
현관 청소
현관 공관과 시설물을 청소하고
정리정돈을 수행한다.

1. 현관 청소의 정의

'집의 얼굴, 현관을 깨끗하게 해야 한다.'

현관은 집안의 첫인상을 좌우하는 공간이자, 집안과 외부를 연결해주는 통로이기도 하다. 그만큼 외부 먼지가 유입되어 쌓이기 쉬운 공간이니, 현관 바닥과 곳곳에 묻은 흙과 먼지를 잘 털어내야 한다.
따라서 현관의 상태(바닥의 재질 등)를 파악한 후, 현관 청소에 필요한 청소도구를 준비한 후 현관문, 현관 바닥(바닥의 재질 등), 신발장 및 중문, 거울(설치 여부 확인 필요)등 현관 시설물의 청소관리와 벽면, 천장 등 현관 내부의 청소와 관리를 해야한다.
특히 신발장 안도 꼼꼼히 살펴보고 건축부자재물 및 먼지, 얼룩을 제거해야 한다.

'집의 얼굴' 인 현관을 항상 청결하게 관리하여 깨끗한 환경을 유지시키는 것이 중요하다.

[표14] 현관 청소 작업별 프로세스

현관 청소 작업별 프로세스

현관 청소 준비
* 생활하자 체크
* 시설물 재질 확인
* 분리 할 수 있는 시설물 분리
* 청소도구 및 세제
* 상태 파악 및 물품 정리

⬇

조명기구 소방기기
* 조명기기
* 소방기기

⬇

현관 시설물
* 현관벽, 천정
* 중문이 있을 경우 청소

⬇

현관 바닥
* 현관 바닥 청소

⬇

줄눈 시공
* 줄눈시공
* 고객 요청 시/별도 비용

⬇

마무리
* 최종 점검
* 현관 청소 전/후 사진을 고객에게 발송

⬇

신발장 청소
* 신발장 내 (탈거), 외
* 현관 거울

2. 현관 청소 작업별 프로세스

가. 현관 청소 준비하기

1) 하자 체크
현관 내부, 시설물에 대한 하자 체크

2) 시설물 재질 확인
사전 확인한 현관 내부, 시설물에 대한 재질 확인

3) 열거나 분리할 수 있는 모든 시설물 분리 후 미리 준비한 세제 물에 담가 불려 놓기

* 조명기구 틀 등

4) 청소도구 및 청소 세제 준비

5) 보양지 제거
현관 내부 및 시설물을 보호하기 위한 보양지 및 비닐 등 제거

나. 전구 및 조명기구, 소방기기 청소
전구 및 조명기구 청소 및 소방기기 청소

다. 현관 시설물 청소

1) 현관 벽, 천정, 구조물 및 잔여물 청소

2) 중문이 있을 경우 중문 오염물 제거 및 청소

라. 신발장 청소하기
1) 신발장 내(탈거)/외 청소 실시
2) 현관 거울이 있을 경우 함께 청소 실시

마. 현관 바닥 청소
현관 바닥 재질에 따라 세부 세척 작업

바. 줄눈시공
고객 요청 시/별도비용

사. 마무리 작업
전체 마감 세척 및 최종 점검

3. 현관 청소 작업 순서별 세부 청소 방법

가. 현관 청소 준비하기
1) 하자 체크

현관 청소 실시 전, 현관 내부 및 현관 시설물에 대한 하자 여부를 꼼꼼히 확인후, 사진 촬영을 실시한다.

＊사전에 차단할 수 있는 문제 같은 경우 적극적으로 대처하는 것이 원활한 청소 작업을 위한 지름길이다.

현관 몰딩 깨짐

① 현관 내부, 시설물에 대한 하자를 꼼꼼히 체크 후 사진 촬영

＊**현관 바닥** : 타일 깨짐 및 금간 경우, 타일공동현상 등 신발장, 중문, 현관문 : 들뜸 현상, 페인트, 시트지 벗김(찍힘) 등

＊**벽면** : 시멘트 누락 등

＊**천장 및 조명기구** : 몰딩 부분 찍힘, 조명기구 깨짐, 금간 경우 등

② 촬영한 사진을 고객에게 전송

③ 청소 중간에 발견한 하자 또한 사진 촬영 후 고객 통보

2) 시설물 재질 확인

현관 청소 실시 전, 현관 내부 및 현관 시설물에 대한 재질 확인을 통해 청소 장비 및 청소 세제를 올바르게 선택하여 사용함으로써, 작업 효율을 높일 수 있다.

현관바닥 타일 재질

신발장 재질

현관바닥 대리석 재질

① 사전 확인한 현관 내부, 시설물에 대한 재질 확인
- **현관 바닥** : 타일, 대리석 등 재질 확인
- **신발장, 중문, 현관문** : 목재, 시트지, 유리 등 재질 확인
- **벽면** : 도배지, 페인트 등 재질 확인
- **천장 및 조명기구** : 몰딩, 전구, 조명박스 등 재질 확인

② 시설물 재질에 따른 청소도구 및 청소 세제 확인

3) 열거나 분리 할 수 있는 모든 시설물 분리

현관 청소 실시 전 가장 먼저 현관 내, 열거나 분리 할 수 있는 모든 시설물은 분리시켜 세제 물에 담가 놓기

＊ 분진 등 장기간 공사 중에 발생된 오염물질로 불려 놓는 시간이 필요하므로 가장 먼저 작업하는 것이 바람직하다.

■ 분리한 시설물 청소 순서

① 현관 청소 전 조명기기 틀 등을 분리한다.

조명기기 틀 분리

② 분리한 시설물은 세제를 넣은 물에담가 놓는다.
③ 불려 놓은 시설물을 부드러운 수세미로 문질러 세척 한 후 건조한다.
④ 현관 청소 마무리 후 장착한다.

4) 청소도구 및 청소 세제 준비

현관 내부 및 현관 시설물 청소를 위한 최적의 청소도구 및 청소 세제를 선택하여 청소 전에 미리 현장에 셋팅한다.

[표 15] 현관 청소에 필요한 청소도구 및 청소세제

| 각종 극세사 걸레 | 각종 양동이 | 고압청소기, 멜빵청소기 |

고압 스팀기	매직블럭	살균 소독기
방향제	다목적 세제	스티커 제거제
사다리, 의자	헤라, 칼	붓솔, 빗자루

5) 보양지 제거

현관 내부 및 시설물을 보호하기 위한 보양지를 제거한다.

보양지 제거 시 바로 제거할 수 있는 오염물질은 함께 제거하도록 한다.

＊ 제거된 보양지는 해당 건물 쓰레기장 내 분리수거함까지 입주자 대신 운반해주는 것을 권장한다.

＊ 보양지 제거 후, 하자가 발견될 수 있으니 꼼꼼히 확인한다.

발견 시 사진 촬영 후 고객에게 통보한다.

현관 시설물 보양지

 주의사항

- 보양지 제거 시 접착되어 있는 보양지일 경우 칼집을 정교하게 내어 보양지 전체를 한 번에 제거해야 한다.

- 여러 번 제거 시 접착성분이 제거되는 방향으로 얼룩이 발생 할 수 있어 불필요하게 얼룩을 제거하는 청소를 할 수 있다.

- 불필요한 청소 발생 시 재질에 흠이 생기는 등 시설물의 변형이 올 수 있으므로 보양지는 주의를 기울여 제거해야 한다.

나. 전구 및 조명기구, 소방기구 청소

1) 전구 및 조명기구 소방기구 청소 순서

① 현관 천장에 설치된 조명기구의 조명 틀을 탈거한다.

② 전등갓 안쪽을 점검하여 분진가루, 벌레 사체들을 깨끗하게 청소한다.

③ 탈거한 조명 틀을 조립한다.

④ 조명을 켜서 육안으로 청소 결과를 확인한다.

＊ 센서 등은 청소 후 청소 결과 및 센서 작동 상태까지 확인한다.

천장 조명기구 분리 　　　　　　　　　소방기구 청소

2) 소방기구 청소 순서

① 천정에 설치 되어있는 소방기구는 젖은 걸레로 먼지 등을 닦아낸다.

② 습기제거를 위해 마른걸레로 다시 한 번 더 닦아낸다.

다. 신발장 청소

현관문을 열고 집에 들어오면 가장 처음 보게 되는 것이 신발장이다.
입주 후 신발장이 깨끗하게 관리 될 수 있도록 신발장 내부, 선반, 서랍장 등을 꼼꼼하게 청소한다.

■ 신발장 청소 순서

① 신발장을 열어 공사 중에 발생한 쓰레기, 오염물질(분진가루, 톱밥 등)을 먼저 제거한다.

② 신발장 내부 선반 및 서랍을 탈거 한다.

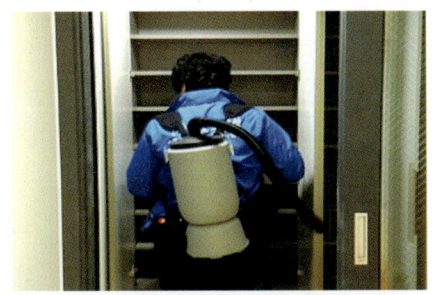
신발장 오염물질 1차 제거

선반 탈거 및 서랍장 탈거

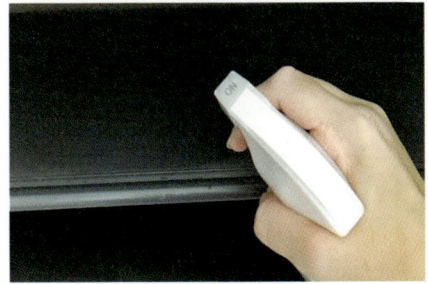
신발장 선반 브러시 작업

신발장 선반 걸레질 작업

③ 신발장 내부 및 탈거한 선반, 서랍을 꼼꼼히 세척한다.

✽ 청소기 브러시를 이용하여 신발장 내부공간 벽면까지 빠짐없이 분진을 흡입한다. 탈거한 선반, 서랍도 청소기 브러시를 이용하여 흡입한다.

✽ 브러시 작업을 하지 않고 젖은 걸레로 바로 닦아 버리면 모서리 및 레일에 톱밥, 분진이 남아 있을 수 있기 때문에 브러시 작업은 필수 작업임

＊분진 흡입 후 젖은 걸레 → 마른걸레 순으로 반복해서 닦는다.

　＊손으로 만졌을 때 먼지가 느껴지지 않을 때까지 닦는다.

④ 탈거한 선반 및 서랍을 조립한다.

신발장 내부 청소 완료 및 탈거한 선반 및 서랍을 조립한다.

　＊습기 및 냄새 제거를 위해 환기 필요

⑤ 신발장 청소 완료 후 잘 마를 수 있도록 신발장 문을 열어 두어 환기 시킨다.

　＊젖은 걸레질, 세제 활용 및 코팅 등의 작업이 진행 되었으므로 습기 및 냄새 제거를 위해 환기 필요

라. 현관 시설물 청소

현관문, 중문, 현관 벽지, 천장 등 현관 내 시설물에 쌓인 시멘트 가루, 도배용 풀, 미세 분진가루, 잔여물 등을 청소도구를 사용하여 청소한다.

■ 현관 시설물 청소 순서

① 현관 벽지, 천장 몰딩 부분에 묻은 도배용 풀을 제거한다.

도배용 풀은 바짝 마른 상태에서 마른 극세사 걸레로 가볍게 닦아준다.

　＊도배용 풀은 젖은 걸레를 이용할 경우 벽지에 손상이 갈 수 있으므로 매우 주의해야 함

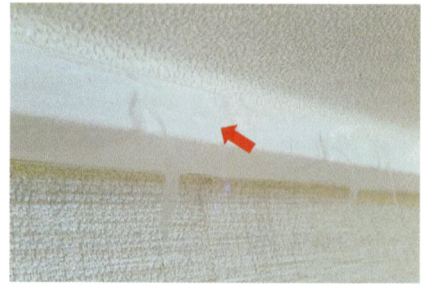
문틀에 있는 먼지 및 청소

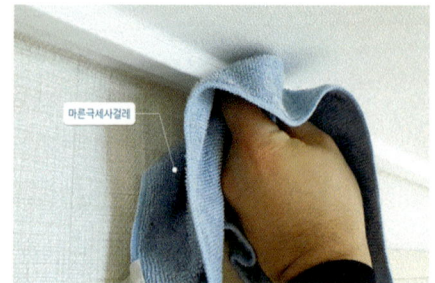
청소포에 묻은 먼지

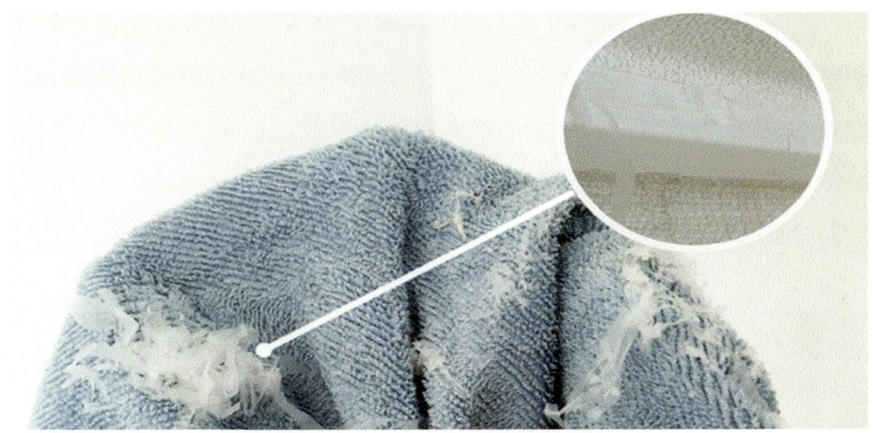

도배용 풀 사진 · 청소 사진 · 청소 후 도배용 풀이 벗겨지는 것

② 현관문(틀), 중문(틀), 현관 벽지, 천장 등에 묻은 시멘트 가루, 미세 분진가루 등 각종 먼지를 제거한다.
청소기 브러시를 이용하여 현관문, 중 문틀의 분진을 빠짐없이 흡입한다.
* 브러시 작업을 하지 않고 젖은 걸레로 바로 닦아 버리면 모서리에 톱밥, 분진이 남아 있을 수 있기 때문에 브러시 작업은 필수 작업임
* 현관 벽지, 천장 등은 정전기 청소포 및 젖은(마른) 걸레를 이용하여 각종 먼지를 제거한다.
* 손으로 만졌을 때 먼지가 느껴지지 않을 때까지 닦는다.

문틀에 있는 먼지 및 청소

청소포에 묻은 먼지

③ 현관문, 중문을 청소한다.

현관문, 중문은 젖은 걸레로 먼지를 먼저 닦아내고, 습기 제거를 위해 마른걸레로 다시 한 번 더 닦아낸다.

중문이 슬라이딩인 경우 창틀에 낀 먼지도 제거한다.

현관 손잡이는 알코올로 닦아주거나, 손세정제를 활용하여 세척한다.

현관문 청소 사진

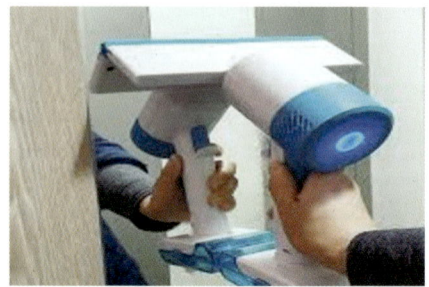
현관 거울 청소

④ 현관 거울을 청소한다.
- 유리 세정제 · 물(분무기이용) · 린스 · 식초 등을 선택하여 뿌린 뒤 닦는다.
- 얼룩(물 자국, 손자국 등)이 남지 않도록 깨끗하게 마른걸레로 다시 한 번 더 닦고, 얼룩이 남아있는지 마지막으로 확인한다.

마 현관 바닥 청소

입주 청소 각 구역별 청소에서 가장 마지막에 이루어지는 청소로 물기 없이 깨끗하게 청소한다.

■ 현관 바닥 청소 순서

① 현관 벽지, 천장, 중문, 신발장 등에서 현관 바닥으로 버려진 오염물질, 미

세먼지 등을 빗자루(청소기)를 이용하여 청소한다.

빗자루 또는 청소기

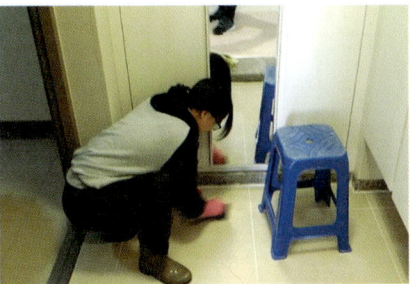
청소솔 청소

② 청소솔에 세제물을 묻혀 현관 바닥을 부드럽게 문지른다.

＊세제 물을 부으면 물이 흥건해 질 수 있으므로 청소솔에 묻혀서 청소하는 것이 바람직하다.

③ 때가 불도록 20분 정도 기다린 후, 얼룩 때가 진하게 진 부분을 청소솔로 반복해서 문지른다.

④ 각종 오염물질이 묻어나온 세제 물을 습식 흡입 청소기를 이용하여 흡입한다.

습식 흡입 청소

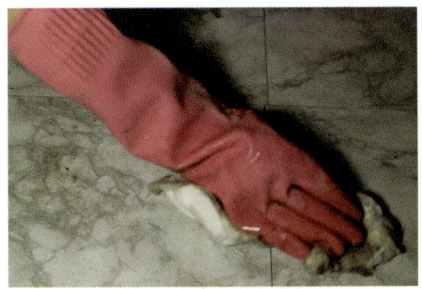
젖은 걸레로 닦아내기

⑤ 흡착 시킨 신문지에 물을 뿌려 깨끗하게 바닥을 닦아낸 뒤, 현관 전용 젖은 걸레 → 마른걸레 순서로 닦아낸다.

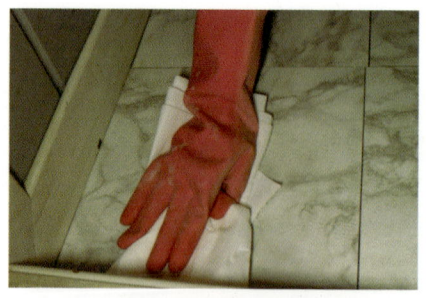

마른 걸레로 닦아 내기

⑥ 청소 완료 후 미끈거림이 있는지 확인후, 현관문을 열어 바짝 마를 수 있도록 환기 시킨다.

＊물기가 덜 닦이거나 미끈거림이 남아 있다면 작업자 또는 입주자가 다칠 수 있으므로 주의를 기울여 청소한다.

바. 고객 요청 시 욕실 타일 줄눈시공

- 줄눈 : 타일과 타일 사이에 메워져 있는 백색 시멘트
- 줄눈시공 : 기존 백색 시멘트로 메워져 있는 부분을 파내고 다른 대체재로 채우는 시공을 줄눈시공이라고 한다.

[줄눈시공 방법]

① 그라인더, 공구(헤라, 스크래퍼 등)등을 이용하여 백색 시멘트 제거하기
② 줄눈 재료를 배합하여 파낸 자리에 채워 넣기
③ 시공 후 샌딩 작업 후 마무리

백색 시멘트 제거

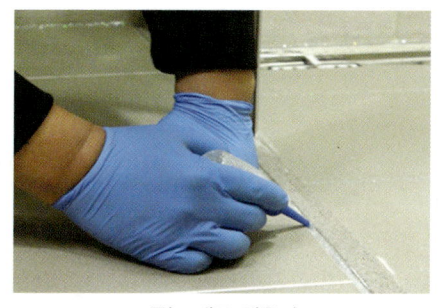 

줄눈 재료 채우기 　　　　　　　　완성된 줄눈

사. 마무리 작업

- 환기 및 최종 점검

1차 : 현장 팀장(점검표 작성) 점검표 여부 확인 후, 있으면 사진 받기

2차 : 현관 청소 전·후 사진을 고객에게 발송, 고객 최종 점검

[표16] 현관 청소점검표

항목	내 용	Check
현관 청소 사전준비	현관 청소 사전 준비는 잘 되었는가?	
현관 조명, 소방 청소	현관 전구 및 조명기구, 소방기기 청소는 잘 되었는가?	
현관 시설물 청소	현관 시설물(벽면, 천정 구조물, 중문 등) 청소는 잘 되었는가?	
신발장 청소	신발장 청소는 잘 되었는가?	
현관 바닥 청소	현관 바닥 청소는 잘 되었는가?	
옵션 서비스	고객 요청 시 줄눈시공은 잘 처리 되었는가?	
마무리 작업	마무리 작업은 잘 되었는가?	

02 Sweet Home 이사 청소

이전 거주자의 장기간 거주로 인해 쌓여 있던 먼지, 묵은(찌든) 때, 세균과 곰팡이, 생활 쓰레기 등으로 오염되었던 생활공간을 건강을 위해서 생활 오염과 유해물질을 말끔히 제거하는 전문적인 청소가 필수이다.

1. 이사 청소의 정의

묵은 때

이전 세입자의 장기간 거주로 인해 쌓여 있던 먼지, 묵은(찌든) 때, 세균과 곰팡이, 생활 쓰레기 등으로 오염되었던 생활공간을 건강을 위해서 생활 오염과 유해물질을 말끔히 제거하는 전문적인 청소가 필수이다.

먼지, 유해물질

진드기 및 곰팡이

주방 욕실 등 찌든 때 기름때

욕실 타일 틈새 이물질

2. 이사 청소 기본정보

인원 및 작업방식

작업시간

안전 및 유의사항

가. 인원 및 작업방식

1) 입주 평형에 따라 2~4명 또는 상황에 따라 그 이상도 투입될 수 있다.

2) 상황 또는 재질에 따라 청소도구 및 청소 세제를 준비한다.

나. 작업 시간

평형 또는 건물 구조에 따라 4시간에서 8시간 내·외의 청소 시간을 필요로 한다.

단, 상황에 따라 작업 시간은 달라질 수 있다.

다. 안전 및 유의사항

1) 유니폼(안전화, 마스크 등)을 반드시 착용한다
2) 전체 환기 작업은 필수적으로 해야 한다.
3) 원활한 작업을 위해 가스(온수 사용을 위함), 수돗물, 전기는 필수적으로 필요하다.
4) 쓰레기봉투는 기본적으로 고객님이 준비해야 하므로 사전에 안내를 해야한다.
단, 쓰레기 처리는 작업자가 직접 진행한다.

[표17] 이사 청소 작업별 프로세스

청소 작업별 프로세스

| 계획 수립 | * 평형에 따른 상황별 클리닉 계획 |

⬇

| 하자 체크 | * 청소 전, 중 생활하자체크
* 사진 촬영 후 고객 통보 |

⬇

| 환기 정돈 | * 환기
* 분리 가능한 시설물 분리
* 상태 파악 및 물품 정리 |

⬇

| 미세 작업 | * 각 구역별 전체 미세작업 실시 |

⬇

| 옵션 서비스 | * 고객 요청 시·별도 비용 옵션 서비스 실시 |

⬇

| 팀장 검수 | * 총괄팀장 검수 (점검표 작성) |

⬇

| 고객 검수 | * 고객 최종 점검
* 전·후 사진을 고객에게 발송 |

3. 이사 청소 작업별 프로세스

가. 평형에 따른 상황별 클리닉 계획 수립
1) 각 구역별 필요한 청소 방법 파악(바닥 재질, 창, 유리 등)
2) 각 구역별 환기 및 생활 쓰레기 정리 계획
3) 청소도구 및 청소 세제 준비
4) 옵션 서비스 고객 선택 시 도구 및 세제 등 준비

나. 생활하자 부분 점검 및 고객 통보
1) 청소 전 하자 체크 후 확인 시, 사진 촬영하여 고객에게 통보
2) 청소 진행 중 하자 확인 시에도 사진 촬영하여 고객에게 통보

다. 환기 및 생활 쓰레기 정리
1) 청소 전 모든 창문, 문 등 환기 실시
2) 청소 전 각 구역별 분리 할 수 있는 모든 시설물을 분리하여 세제 물에 담가 놓기
   * 하수구(욕실, 주방 등), 후드 틀, 배수로 뚜껑 등
3) 모든 구역 청소 전 생활 쓰레기 정리

라. 각 구역별 구조물, 잔여물, 유해물질, 먼지제거 등 전체 미세작업 실시
마. 옵션 서비스 실시(별도비용 발생)
1) 새집증후군 · 헌집증후군
2) 해충방역소독
3) 홈 케어 서비스

① 마루코팅(광택)
② 싱크대 상판 연마
③ 시스템 에어컨

바. 각 구역별 총괄팀장 검수(점검표 작성)
사. 고객 최종 검수 및 필요시 보완작업
1) 각 구역별 청소 전·후 사진 고객에게 전송
2) 청소 당일 날, 바로 확인한 경우, 수정 청소 바로 실시
단, 청소 후 AS가 발생 할 수 있으므로 청소 완료 후, 고객에게 3일 이내 AS 가능함을 안내하기

이사 청소

구역별 청소작업 프로세스
Zone Cleaning Process

01
Kitchen Cleaning
주방 청소

02
Bathroom Cleaning
욕실 청소

03
Balcony Cleaning
발코니 청소

04
Bedroom, Living Room Cleaning
침실, 거실 청소

05
Porch Cleaning
현관 청소

01
Kitchen Cleaning
주방 청소

주방 공관과 시설물을 청소하고 정리정돈을 수행한다.

1. 주방 청소의 정의

'기존 고객이 살던 곳! 찌든 때, 묵은 때를 말끔히 지우고 새롭게 해야 한다.'

음식을 만드는 주방은 세균이 번식하기 쉽고, 기존 고객이 살던 곳이라 오염도가 심해서 청소전문가의 관리가 필요하다.
따라서 주방의 상태를 파악한 후, 주방 청소에 필요한 청소도구 및 청소 세제를 준비하여 싱크대 내·외부, 싱크대 상·하부장, 가스레인지 및 후드, 주방 가전 등 주방 시설물의 청소와 관리를 해야 한다.
특히, 불을 다루는 곳이므로 청소 진행 시 항상 주의를 해야 하는 장소이다.

가족의 건강을 책임지는 장소이므로 항상 위생적이고 청결하게 관리하여 깨끗한 환경을 유지시키는 것이 중요하다.

[표18] 주방 청소 작업별 프로세스

주방청소 작업별 프로세스

주방청소 준비
* 생활하자 체크
* 시설물 재질 확인
* 분리 할 수 있는 시설물 분리
* 청소도구 및 세제
* 상태 파악 및 물품 정리

⬇

주방공간 준비
* 싱크장 상,하부장
* 싱크대 벽면

⬇

주방가전 준비
* 가스렌지
* 후드 및 상부 스테인리스
* 전자레인지 및 오븐

⬇

싱크대 준비
* 개수대
* 조리대

⬇

유리막 코팅
* 유리막 코팅
* 고객 요청시/별도비용

⬇

마무리
* 최종 점검
* 주방 청소 전·후 사진을 고객에게 발송

2. 주방 청소 작업별 프로세스

가. 주방 청소 준비하기

1) 생활 하자 체크 주방 내·외부, 시설물에 대한 생활 하자 체크
2) 시설물 재질 확인 사전 확인한 주방 내·외부, 시설물에 대한 재질 확인
3) 열거나 분리할 수 있는 모든 시설물 분리 후 미리 준비한 세제 물에 담가 불려 놓기

＊ 환풍기, 하수구, 배수로 뚜껑 등

4) 청소도구 및 청소 세제 준비
5) 주방 상태 파악 및 생활 쓰레기 정리방 내·외부 및 시설물에 대한 상태 파악 및 생활 쓰레기 정리

나. 주방 공간 청소하기

1) 싱크대 상·하부 장 청소
2) 싱크대 벽타일 오염제거 및 이물질 제거

다. 주방가전 청소하기

1) 가스레인지 청소

2) 가스레인지 후드 및 상부 스테인리스 청소
3) 전자레인지 및 오븐 청소

라. 싱크대 청소하기
1) 개수대 청소
2) 조리대(아일랜드 조리대 포함) 청소

마. 냉장고 청소하기
고객 요청 시/별도비용

바. 유리막 코팅
고객 요청 시/별도비용

사. 마무리 작업
1) 전체 마감 세척 및 최종 점검
2) 주방 청소 전·후 사진 고객에게 전송

3. 주방 청소 작업 순서별 세부 청소 방법
(입주 청소 프로세스와 동일)

가. 주방 청소 준비하기
1) 생활하자 체크
주방 청소 실시 전, 주방 내·외부 및 주방 시설물에 대한 생활하자 여부를 꼼꼼히 확인 후, 사진 촬영을 실시한다.

＊사전에 차단할 수 있는 문제 같은 경우 적극적으로 대처하는 것이 원활한청소 작업을 위한 지름길이다.

＊이사 청소 시, 기존 시설물을 그대로 이용하거나 부분적으로 새롭게 인테리어한 경우도 많으니 좀 더 세밀한 하자 체크가 필요하다.

상부장 후드 배관 확인

하부장 내 오염 확인

싱크대 하부장 바닥 오염 확인

가스레인지 오염 확인

① 주방 내, 외부, 시설물에 대한 생활 하자를 꼼꼼히 체크 후 사진 촬영
- 싱크대 : 조리대 상판 갈라짐, 깨짐, 금간 경우 등
- 후드 : 결로, 스테인리스 긁힘 등
- 수납장 : 시트지 벌어짐, 찢어짐, 상·하부장 들뜸 현상

- 주방 벽면 : 타일 깨짐 및 금간 경우, 타일 공동현상 등
② 촬영한 사진을 고객에게 전송
③ 청소 중간에 발견한 하자 또한 사진 촬영 후 고객 통보

2) 시설물 재질 확인

주방 청소 실시 전 주방 내·외부 및 주방시설물에 대한 재질 확인을 통해 청소 장비 및 청소 세제를 올바르게 선택하여 사용함으로써, 작업 효율을 높일 수 있다.

개수대 및 싱크대 오염도 확인

후드 상태

싱크대 상·하부장, 벽면, 상판(대리석) 재질

① 사전 확인한 주방 내부, 시설물에 대한 재질 확인
- **싱크대** : 조리대, 개수대 등 재질(스테인리스, 대리석 등)
- **가스레인지 및 후드** : 스테인리스 재질 확인
- **수납장** : 상 · 하부장 재질(시트지, 목재 등) 확인
- **주방 벽면** : 주방 벽면 재질(타일, 시트지 등) 확인
- **냉장고** : 냉장고 상태 및 재질 확인

② 시설물 재질에 따른 청소 도구 및 청소 세제 확인

3) 열거나 분리 할 수 있는 모든 시설물 분리
주방 청소 실시 전, 가장 먼저 주방 내, 열거나 분리 할 수 있는 모든 시설물은 분리시켜 세제 물에 담가 놓기

＊생활하면서 발생된 묵은 때, 찌든 때, 생활 먼지 등에서 발생된 오염물질이므로 불려 놓는 시간이 충분히 필요하므로 가장 먼저 작업하는 것이 바람직하다.

＊새롭게 인테리어한 시설물은 분진 등 공사 중에 발생된 오염물질을 불려 놓는 시간이 필요하므로 가장 먼저 작업하는 것이 바람직하다.

■ **분리한 시설물 청소 순서**

① 주방 청소 전 개수대 내 배수구, 각종 물받이 대, 후드 틀, 수도꼭지 거름망 등을 분리한다.

② 분리한 시설물은 세제를 넣은 물에 담가 놓는다.

③ 불려 놓은 시설물을 부드러운 수세미로 문질러 세척 한 후, 건조한다.

＊기존 시설물 그대로 이용할 경우 오랫동안 청소가 안 되어 있으므로 기름등의 묵은 때, 찌든 때가 많은 상태이므로 깨끗하게 청소해야 한다.

개수대 안 거름망 등 분리

후드 틀 내 후드 망 분리

개수대 각종 물받이 대(수저통 등) 분리

후드 틀을 세제 물에 담가 놓기

후드 상태

각종 후드 망, 거름 망 건조

건조한 후드 틀 제자리에 장착

④ 주방 청소 마무리 후 장착한다.

나. 주방 공간 청소하기
1) 싱크대 상·하부장 청소

생활하는 동안 매일 청소하기 어려운 공간이었으므로 기름 때, 생활 먼지, 묵은 때 등의 오염물질이 쌓여 있는 상태이다.

가족 건강을 책임지는 공간이니 만큼 싱크대 상·하부장, 내·외부 등을 꼼꼼하게 청소해야 한다.

단, 새롭게 인테리어한 경우는 미세먼지, 시멘트 가루, 건축 잔여물 등의 오염물질이 쌓여 있는 상태이므로 해당 오염물질을 중심으로 청소해야 한다.

가스레인지 상판 분리청소

싱크대 상판 광택 작업

■ **싱크대 상·하부장 청소 순서**

① 싱크대 상·하부장 전체 선반 및 서랍을 탈거한다.

② 싱크대 내부 및 탈거한 선반, 서랍을 꼼꼼히 세척한다.

＊청소기 브러시를 이용하여 싱크대 안쪽 공간, 벽면, 레일까지 빠짐없이 먼지를 흡입한다.

탈거한 선반, 서랍도 청소기 브러시를 이용하여 흡입한다.

＊브러시 작업을 하지 않고 젖은 걸레로 바로 닦아 버리면 모서리 및 레일에 먼지가 남아 있을 수 있기 때문에 브러시 작업은 필수 작업임

＊분진 흡입 후 부드러운 수세미에 세제물을 묻혀 세척한다.

젖은 극세사 걸레 → 마른 극세사 걸레순으로 반복해서 닦는다.

＊손으로 만졌을 때 먼지가 느껴지지 않을 때까지 닦는다.

싱크대 상·하부장 선반 및 서랍 탈거

싱크대 안쪽 벽면 청소

③ 탈거한 선반 및 서랍을 조립한다.

싱크대 상·하부장 내부 청소 완료 및 탈거한 선반 및 서랍을 조립한다.

＊습기 및 냄새 제거를 위해 환기 필요

효과적인 청소 TIP

모든 스포츠의 기본이 기초 체력을 바탕으로 하듯 청소 또한 쓸고 닦는 기본적인 지식과 기술을 바탕으로 기계화, 첨단화로 옮겨 가야만 한다.

후드망 세제물에 담그기   거름망 세제물에 담그기   후드틀 내 후드망 분리청소

1) 버리기, 치우기, 옮기기
- 높은곳 → 낮은곳
- 안 쪽 → 바깥쪽
- 넓은곳 → 좁은곳
- 가운데 → 바깥쪽
- 청소는 2회 이상 ~ 5회까지 닦는걸 원칙으로 한다.

2) 깨끗하게 쓸고 닦고, 편리하게 옮기고 버리고, 아름답고 조화롭게 변화 라인과 무늬, 바닥결과 색의 조화를 고객의 기호에 맞는 공간이동으로 꽃과 좋은 글귀 그리고 향기를 통해 공감을 얻는다.

2) 싱크대 벽타일 오염제거 및 이물질 제거

싱크대 벽면의 재질에 맞는 세제를 선택하여 벽면 붙어 있는 스티커, 미세먼지 등 오염물질을 꼼꼼하게 제거한다.

■ 싱크대 벽면 청소 순서

- 벽면의 재질에 따라 세제 선택 후, 청소를 진행한다.
- 손으로 만졌을 때 먼지가 느껴지지 않을 때까지 닦는다.

① 마른 극세사 걸레를 이용하여 타일 전체를 닦아낸다.
② 세제 물을 묻힌 부드러운 수세미를 이용하여 기름 때, 묵은(찌든)때 등을 닦

아낸다.

✱ 스티커·본드·시멘트·풀 등은 전용 세제를 활용하여 벗겨낼 때, 갈고리헤라 및 스크래퍼 등을 이용하여 얼룩이 남지 않도록 깨끗하게 닦아낸다.

✱ 도구나 세제를 잘못 사용하면 흠이 생기거나 광택이 벗겨지는 등 재질의 변형이 올 수 있다.

③ 젖은 극세사 걸레 → 마른 극세사 걸레 순으로 마무리 한다.

개수대 안 거름망 등 분리

후드 틀 내 후드 망 분리

개수대 각종 물받이 대(수저통 등) 분리

02
Bathroom Cleaning
욕실 청소
욕실 공관과 시설물을 청소하고 정리정돈을 수행한다.

1. 욕실 청소(이사 청소)의 정의

'기존 고객이 거주하던 공간으로 물 때, 찌든 때 등 오염도가 심하므로 전문적인 청소가 필요하다.'

욕실은 몸의 청결을 유지하고, 또한 배설을 위한 공간이므로 위생에 민감한 장소이다.
따라서 욕실의 상태를 파악한 후, 욕실 청소에 필요한 청소도구 및 청소 세제를 준비하여 욕실 상·하부 시설물의 청소관리와 욕실 벽면, 천장, 욕실 바닥 등 욕실 내부를 깨끗하고 위생적으로 관리해야 한다.

특히 다른 구역에 비해 미끄러지기 쉬운 곳이므로 작업자의 안전관리가 중요하다.
집안에서 가장 습한 곳이므로, 항상 청결하게 관리하고 쾌적한 환경을 유지시켜야한다.

[표19] 욕실 청소 작업별 프로세스

욕실 청소 작업별 프로세스

욕실청소 준비
* 생활하자 체크
* 시설물 재질 확인
* 분리 할 수 있는 시설물 분리
* 청소도구 및 세제
* 상태 파악 및 물품 정리

↓

내부공간 준비
* 욕실 천장 청소
* 욕실 벽면 청소

↓

시설물 청소
* 상부 시설물 청소
* 하부 시설물 청소

↓

바닥 청소
* 욕실 바닥 청소
* 배수구 청소

↓

줄눈 시공
* 줄눈시공
* 고객 요청 시/별도 비용

↓

마무리
* 환기 및 최종 점검
* 욕실 청소 전·후 사진을 고객에게 발송

2. 욕실 청소 작업별 프로세스

가. 욕실 청소 준비하기

1) 생활하자 체크

욕실 내부, 시설물에 대한 생활하자 체크

2) 시설물 재질 확인

사전 확인한 욕실 내부, 시설물에 대한 재질 확인

3) 열거나 분리할 수 있는 모든 시설물 분리 후 미리 준비한 세제 물에 담가 불려 놓기

* 환풍기, 하수구, 배수구 뚜껑 등

4) 청소도구 및 청소 세제 준비

5) 욕실 상태 파악 및 생활 쓰레기 정리 욕실 내부 및 시설물에 대한 상태 파악 및 생활 쓰레기 정리

나. 욕실 내부 공간 청소하기

1) 욕실 천장 청소
2) 욕실 벽면 청소

다. 욕실 상·하부 시설물 청소하기

1) 욕실 상부 시설물 청소하기

거울, 욕실장, 샤워부스, 욕실 선반 케이스, 수도꼭지, 수건걸이 등

2) 욕실 하부 시설물 청소하기

욕조, 세면대, 양변기(비데) 등

＊ 고열 스팀기, 살균 스팀기 사용

라. 욕실 바닥 청소하기

욕실 바닥 및 배수구 청소

마. 줄눈시공

고객 요청 시/별도비용

바. 마무리 작업

1) 환기 및 최종 점검
2) 욕실 청소 전·후 사진 고객에게 전송

3. 욕실 청소 작업 순서별 세부 청소 방법

(입주 청소 프로세스와 동일)

가. 욕실 청소 준비하기

1) 생활하자 체크

① 욕실 내부, 시설물에 대한 생활하자를 꼼꼼히 체크 후, 사진 촬영
② 촬영한 사진을 고객에게 전송
③ 청소 중간에 발견한 하자 또한 사진 촬영 후, 고객 통보

2) 시설물 재질 확인
① 사전 확인한 욕실 내부, 시설물에 대한 재질 확인
② 시설물 재질에 따른 청소 도구 및 청소 세제 확인

3) 열거나 분리 할 수 있는 모든 시설물 분리
욕실 청소 실시 전, 가장 먼저 욕실 내, 열거나 분리 할 수 있는 모든 시설물은 분리 시켜 세제 물에 담가 놓기
＊분진 등 장기간 공사 중에 발생된 오염물질이므로 불려 놓는 시간이 필요하므로 가장 먼저 작업하는 것이 바람직하다.

■ 분리한 시설물 청소 순서
① 욕실 청소 전 배수로, 하수구, 환풍기를 분리한다.
② 세척 후, 건조시킨다.
③ 건조 후, 장착한다.

4) 청소도구 및 청소 세제 준비
욕실 내부 및 시설물 청소를 위한 최적의 청소도구 및 청소 세제를 선택하여 청소 전에 미리 현장에 셋팅을 한다.

효과적인 청소 TIP

■ 변기 소독작업

변기 소독작업

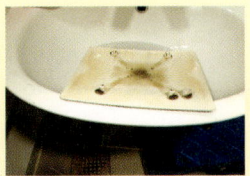
분리한 시설물은 세제를 넣은 물에 담가 놓는다. 불려 놓은 시설물을 부드러운 수세미로 문질러 세척 한 후, 충분히 말려 놓는다.

나. 욕실 바닥 찌든 때 제거

욕실 바닥은 물기가 있는 경우가 많아 욕실 내부 공간 중에서도 가장 많이 습하므로 곰팡이, 세균 등이 번식하기 쉬운 공간이다.

특히 바닥은 대부분 타일 재질로 되어 있어 재질에 맞는 세제 및 도구를 활용하여 꼼꼼하게 청소해야 한다.

단, 새롭게 인테리어한 경우는 미세먼지, 시멘트 가루, 건축 잔여물 등의 오염물질이 쌓여 있는 상태이므로 해당 오염물질을 중심으로 청소해야 한다.

■ 욕실 바닥 및 배수구 청소 순서

① 욕실 청소 전 배수구 시설물(틀, 거름망) 분리 확인한다.
② 욕실 바닥 전체를 쓸거나 물을 뿌려 먼지 등 오염물질을 1차적으로 제거한다.
③ 배수구 안쪽을 먼저 청소솔을 이용하여 깨끗하게 청소한다.
④ 바닥 타일 및 타일 사이의 물때, 곰팡이, 먼지 등의 오염물질을 청소솔에

세제 물을 묻혀 구석구석 닦아낸다.

＊바닥 청소 시, 갈고리헤라 및 스크래퍼를 활용하여 얼룩 없이 깨끗하게 청소한다.

⑤ 배수구, 거름망 등 배수구 시설물을 깨끗하게 청소 후 물기를 제거하고 건조시킨다. → 배수구, 거름망 등 배수구 시설물을 깨끗하게 청소 후 물기를 제거하고 건조시킨다.

⑥ 깨끗한 물을 뿌려 세제 물을 제거한 뒤, 유리 스퀴지를 이용하여 물기를 흡입한다.

⑦ 젖은 극세사 걸레 → 마른 극세사 걸레 순으로 물기를 완전히 제거한다.

⑧ 손으로 오염물질 및 물기가 남아있는지 확인한다.

⑨ 욕실 청소 전체 완료 후 물기를 제거한 배수구 등의 부속품을 장착한다.

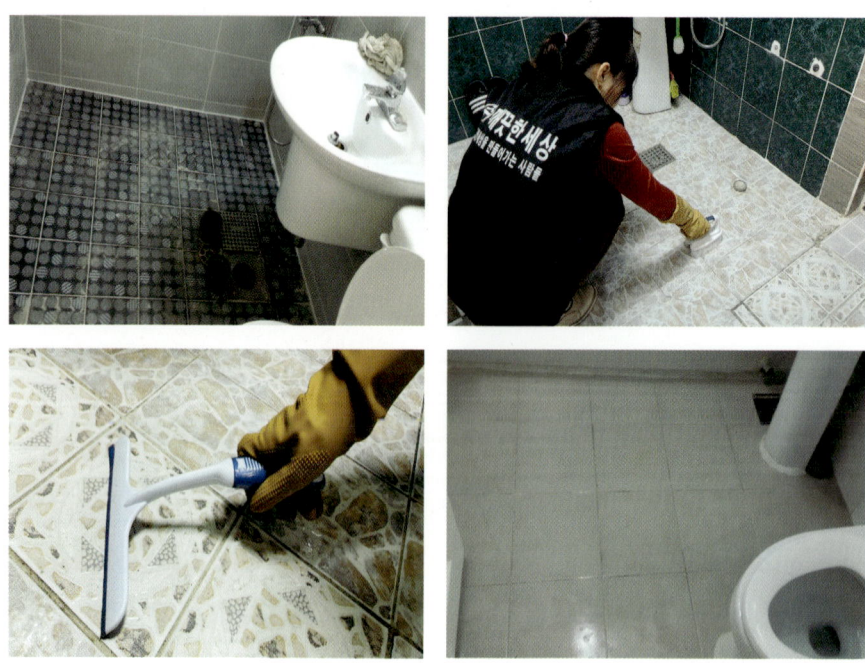

욕실 바닥 찌든 때 제거

03
Balcony Cleaning
발코니 청소

발코니 공관과 시설물을 청소하고
정리정돈을 수행한다.

1. 발코니 청소의 정의

'기존 고객이 거주하던 공간으로 미세먼지, 찌든 때 등 오염도가 심하므로
전문적인 청소가 필요하다.'

생활하면서 발생하는 생활먼지, 환기 시 실내로 들어올 수 있는 미세먼지 등의 오염물질이 가장 많이 쌓이는 장소가 발코니이다.
따라서 발코니의 상태를 파악한 후, 발코니 청소에 필요한 청소도구 및 청소세제를 준비하여 발코니 시설물의 청소관리와 발코니 천장, 발코니 바닥 등 발코니 내부의 청소와 관리를 해야 한다.

집안에서 먼지 등의 오염물질이 가장 많은 장소이므로 항상 청결하게 관리하고 쾌적한 환경을 유지시키는 것이 중요하다.

[표20] 발코니 청소 작업별 프로세스

2. 발코니 청소 작업별 프로세스

가. 발코니 청소 준비하기

1) 생활하자 체크
발코니 내부, 시설물에 대한 생활하자 체크

2) 시설물 재질 확인
사전 확인한 베란다 내부, 시설물에 대한 재질 확인

3) 열거나 분리할 수 있는 모든 시설물 분리 후, 미리 준비한 세제 물에 담가 불려 놓기

＊ 조명기구 틀, 하수구, 배수로 등

4) 청소도구 및 청소 세제 준비

5) 발코니 상태 파악 및 생활 쓰레기 정리 발코니 내부 및 시설물에 대한 상태 파악 및 생활 쓰레기 정리

나. 발코니 내부 공간 청소하기

1) 발코니 천장 청소
2) 발코니 벽면 청소

다. 발코니 시설물 청소하기

건조대봉 및 수납장 청소

라. 발코니 새시 청소

발코니 새시 청소(유리창 · 창틀 · 방충망 · 난간대 등)

마. 발코니 바닥 청소하기

1) 수도꼭지 청소
2) 발코니 바닥 청소
3) 배수구 청소

바. 다용도실 청소하기

사. 발코니 바닥 타일 줄눈시공

고객 요청 시/별도비용

아. 마무리 작업

1) 전체 마감 세척 및 최종 점검
2) 발코니 청소 전 · 후 사진 고객에게 전송

3. 발코니 청소 작업 순서별 세부 청소 방법

(입주 청소 프로세스와 동일)

가. 발코니 청소 준비하기

1) 생활하자 체크

발코니 청소 실시 전 발코니 내 · 외부 및 시설물에 대한 생활하자 여부를 꼼꼼히 확인 후, 사진 촬영을 실시한다.

＊사전에 차단할 수 있는 문제 같은 경우 적극적으로 대처하는 것이 원활한 청소작업을 위한 지름길이다.

＊이사 청소 시, 기존 시설물을 그대로 이용하거나 부분적으로 새롭게 인테리어한 경우도 많으니 좀 더 세밀한 하자 체크가 필요하다.

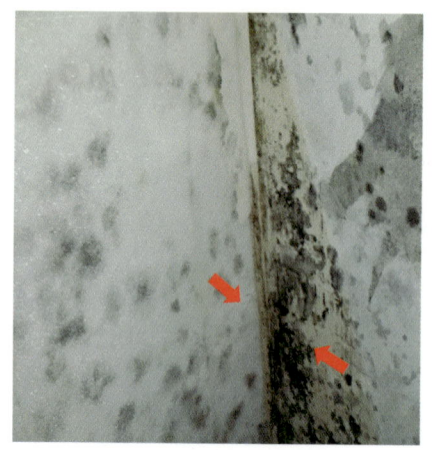

발코니 결로로 인한 곰팡이

발코니 타일 깨짐 및 타일 벗겨짐

① 발코니 내부 시설물에 대한 생활하자를 꼼꼼히 체크 후 사진 촬영
- **천장 및 벽면** : 페인트 벗겨짐, 결로, 곰팡이 등
- **새시** : 뒤틀림, 곰팡이, 등
- **수납장** : 곰팡이, 시트지 벌어짐, 찢어짐, 들뜸 등
- **시설물** : 건조대 미 작동, 오작동 등
- **바닥** : 타일 깨짐 및 금간 경우, 타일 공동현상 등

② 촬영한 사진을 고객에게 전송

③ 청소 중간에 발견한 하자 또한 사진 촬영 후, 고객 통보

2) 시설물 재질 확인

발코니 청소 실시 전 발코니 내부 및 시설물에 대한 재질 확인을 통해 청소 장비 및 청소 세제를 올바르게 선택하여 사용함으로써, 작업 효율을 높일 수 있다.

발코니 바닥 및 벽면 하자 확인

발코니 추가시설(화단 등) 확인

① 사전 확인한 발코니 내부, 시설물에 대한 재질 확인
- **천방 및 벽면** : 페인트 및 벽면 같은 경우 부분적으로 타일 시공 확인
- **새시** : 유리, 유리 프레임 재질 확인
- **수납장** : 수납장 재질(시트지, 목재 등) 확인
- **시설물** : 건조대 재질 확인
- **바닥** : 타일 확인

② 시설물 재질에 따른 청소 도구 및 청소 세제 확인

3) 열거나 분리 할 수 있는 모든 시설물 분리

발코니 청소 실시 전, 가장 먼저 발코니 내, 열거나 분리 할 수 있는 모든 시설물은 분리시켜 세제 물에 담가 놓기

* 생활하면서 발생된 묵은 때, 찌든 때, 생활 먼지 등에서 발생된 오염물질이므로 불려 놓는 시간이 충분히 필요하므로 가장 먼저 작업하는 것이 바람직하다.

* 새롭게 인테리어한 시설물은 분진 등 공사 중에 발생된 오염물질을 불려 놓는 시간이 필요하므로 가장 먼저 작업하는 것이 바람직하다.

■ 분리한 시설물 청소 순서

① 발코니 청소 전 조명기구 틀, 배수구 틀 등을 분리한다.
② 분리한 시설물은 세제를 넣은 물에 담가 놓는다.
③ 불려 놓은 시설물을 부드러운 수세미로 문질러 세척 한 후, 건조한다.
④ 발코니 청소 마무리 후, 장착한다.

세제 물에 담그기

스팀 작업

4) 발코니 상태 파악 및 생활 쓰레기 정리

발코니 청소 시작 전 발코니 내부 및 시설물을 살펴 배치상태, 청결도, 정리정돈의 상태를 파악해야 한다.

* 발코니 상태를 파악하기 위해 발코니 새시, 수납장, 전등, 빨래 건조대 등을 자세히 살핀다.
* 위 부분을 자세히 살핀 뒤, 청소하는데 문제가 발생하지 않도록 이사하면서 버리고 간 생활 쓰레기를 정리 한다.

발코니 내부 전체 상태

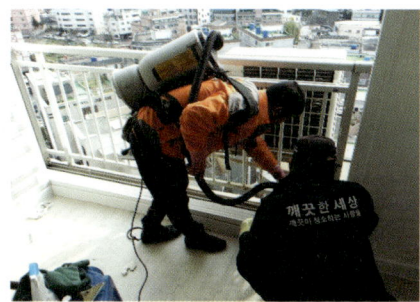
발코니 새시 청소

발코니 수납장 상태

발코니 문틀 상태

발코니 빨래건조대 청소

나. 다용도실 청소

다용도실은 보일러 시설 및 세탁기, 수도시설, 수납장 등으로 구성되어 있으며 세탁실의 기능이 강한 공간이다.

구석진 공간에 위치해 있어 환기가 중요한데, 환기 중 발생하는 먼지 등 오염 물질이 구석진 곳까지 쌓여 있는 경우가 많으므로 재질에 맞는 청소 세제 및 청소도구를 활용하여 깨끗하게 청소를 진행한다.

■ **다용도실 청소 순서**

천장 → 수납장 → 세탁기 → 벽면 → 바닥 순으로 청소를 진행한다.

✽ 천장·유리창(틀)·수납장·벽면·바닥 청소 방법 및 순서는 발코니 청소 가, 나, 다, 라, 마, 바, 사, 아와 동일하다.

✽ 청소전 다용도실 벽면, 바닥에 있는 생활 쓰레기들을 정리한다.

 효과적인 청소 TIP

■ 청소도구의 관리방법

1. **빗자루** : 일반적으로 숱이 밑으로 → 자루를 밑으로(모양의 변형으로 청소력을 저하한다)
2. **밀대** : 깨끗이 세탁 후 마포가 위로 향하게 한다.(물기를 오래 머금으로 세균양성)
3. **청소기** : 청소 후 내용물을 비우고 필터를 교체한다.(내부 청소 미흡으로 세균배출)
4. **걸레** : 사용처 용도에 맞게 분류하여 사용한다. (세균을 묻히고 다니는 결과를 초래한다)
5. **물밀대** : 물기를 완전히 제거한다.(벽, 난간, 가구나 집기류에 얼룩을 남긴다.)
6. **반도**(휴대용가방): 공구 보관과 종사자 안전을 위함(청소시간 절약과 사고를 예방한다.)
7. **수세미** : 용도에 맞지 않는 도구로 상품의 훼손과 흠집을 발생(유리, 타일, 목재. 등)
8. **세제** : 잘못된 세제사용으로 벽지나 가구 등에 얼룩을 남길 수 있다.(유리창, 창틀, 엘리베이터 등, 주변의 사물에 분사 시 얼룩과 찢어짐, 파손등 긴 시간과 비용이 발생할 수 있다.)
9. **장갑** : (고무장갑포함) 수시로 씻음으로 작업 시 손자국과 얼룩을 남기지 않도록 한다.

04

Bedroom, Living Room Cleaning

침실, 거실 청소

침실 및 거실 공관과 시설물을 청소하고
정리정돈을 수행한다.

1. 침실·거실 청소의 정의

'기존 고객이 거주하던 공간으로써 생활공간인 침실과 거실은 일상의 회복을 위한 전문적인 청소가 필요하다.'

주생활 공간으로서의 침실과 거실은 휴식과 수면을 취하고 가족 간의 소통을 위한 장소이다.
피곤하고 지친 하루를 회복시켜 줌으로써 다음 날 건강한 일상을 가능할 수 있도록 위생적인 관리가 필요하다.
따라서 침실과 거실의 상태를 파악한 후, 필요한 청소도구 및 청소 세제를 준비하여 아트 월, 붙박이장 등의 시설물의 청소관리와 바닥, 천장, 벽면 등 침실과 거실 내부의 청소와 관리를 해야 한다.

가족의 주생활 공간이므로 위생적이고 청결하게 관리하여 쾌적한 환경을 유지시키는 것이 중요하다.

[표21] 침실·거실 청소 작업별 프로세스

2. 침실·거실 청소 작업별 프로세스

가. 침실·거실 청소 준비하기

1) 생활 하자 체크

침실·거실 내부, 시설물에 대한 생활 하자 체크

2) 시설물 재질 확인

사전 확인한 침실·거실 내부, 시설물에 대한 재질 확인

3) 열거나 분리할 수 있는 모든 시설물 분리 후, 미리 준비한 세제 물에 담가 불려 놓기(조명기구, 소방기기 틀 등)

4) 청소도구 및 청소 세제 준비

5) 침실·거실 상태 파악 및 생활 쓰레기 정리

침실·거실 내부 및 시설물에 대한 상태 파악 및 생활 쓰레기 정리

나. 침실·거실 내부 공간 청소하기

1) 침실·거실 조명기기, 소방기기 및 천장 청소

2) 침실·거실 몰딩 및 벽면 청소

3) 전기류 콘센트 청소

다. 침실·거실 시설물 청소하기
1) 붙박이장 청소
2) 문, 창문(틀), 방충망 청소

라. 홈 케어 서비스 청소하기
(시스템)에어컨 청소

마. 침실·거실 바닥 청소하기

바. 마루 코팅 작업
고객 요청 시/별도비용

사. 마무리 작업
1) 환기 및 최종 점검
2) 침실, 거실 청소 전·후 사진 고객에게 전송

3. 침실 · 거실 청소 작업 순서별 세부 청소 방법
(입주 청소 프로세스와 동일)

가. 청소의 함정

1. 청소는 대부분 자기가 어지르고 자기가 청소한다.
2. 청소기 내부 청소 미흡으로 세균증식.
3. 용도에 맞지 않는 세제와 도구로 상품을 훼손(수세미, 스크러치, 유리, 타일, 목재)
4. 유리창 : 손자국, 더러운 걸레, 순서 없이 반복.
5. 벽 지 : 부주의로 시간과 비용 배상(묻히고, 찢고, 파손등)
6. 창 문 : 창틀과 벽지에 얼룩을 남길 수 있다.(도구를 사용, 직접분사 금지)
7. 바닥청소 : 깨끗하게 세척된 걸레사용(벽, 난간, 가구나 집기류에 얼룩 주의)
8. 엘리베이트(스텐류) : 헤라나 수세미 사용금지(전문세제와 부드러운 천을 사용)
9. 가 구(목제, 철제, 가죽등) : 전문세제사용, 사전 테스트 후 작업.

나. 입주 청소와의 차이점

1) 입주청소 : 신축건물 내부에는 장기간 공사로 발생한 먼지와 시템트, 실리콘 등 육안으로는 쉽게 확인할 수 없는 유해물질들이 가득하여 이로 인한 건강 피해를 입지 않도록 청소하는 것이 중요하다.

2) 이사청소 : 기존 거주가가 장기간 생활한 곳으로 먼지, 묵은때, 세균과 곰팡이, 생활쓰레기기 등으로 오염되었던 유해물질을 제거하는 것이 중요하다.

 효과적인 청소 TIP

■ 전기류 콘센트 청소

전기류 콘센트 청소를 위한 최적의 청소도구 및 청소 세제를 선택하여 청소 전, 미리 현장에 셋팅을 한다.
특히 안전을 위한 안전장비의 셋팅이 가장 중요하다.

■ 전기 콘센트 청소 진행의 순서

① 전기 콘센트 청소 전, 전기를 차단 한 뒤, 2차적으로 플러그에 전기 안전 마개를 꽂아 안전에 유의한다.
② 마른 극세사 걸레에 전용 세정액을 뿌린 뒤 콘센트 주변을 문질러 닦는다.
③ 젖은 극세사 걸레 → 마른 극세사 걸레 순으로 세정 작업 후 습기를 완전히 제거 한다.

05
Porch Cleaning
현관 청소
현관 공관과 시설물을 청소하고 정리정돈을 수행한다.

1. 현관 청소의 정의

'기존 고객이 거주하던 공간으로 집의 얼굴인 현관을 깨끗하고 쾌적하게 유지하는 전문적인 청소가 필요하다.'

현관은 집안의 첫인상을 좌우하는 공간이자, 집안과 외부를 연결해주는 통로이기도 하다.
그만큼 외부 먼지가 유입되어 쌓이기 쉬운 공간이니 현관 바닥과 곳곳에 묻은 흙과 먼지를 잘 털어내야 한다.
따라서 현관의 상태(바닥의 재질 등)를 파악한 후 현관 청소에 필요한 청소도구를 준비하고 현관문, 현관 바닥(바닥의 재질 등), 신발장 및 중문, 거울(설치 여부 확인 필요) 등 현관 시설물의 청소관리와 벽면, 천장 등 현관 내부의 청소와 관리를 해야 한다.
특히 신발장 안도 꼼꼼히 살펴보고 건축부자재물 및 먼지, 얼룩을 제거해야 한다.

[표22] 현관 청소 작업별 프로세스

현관 청소 작업별 프로세스

현관 청소 준비
* 생활하자 체크
* 시설물 재질 확인
* 분리 할 수 있는 시설물 분리
* 청소도구 및 세제
* 상태 파악 및 물품 정리

↓

조명기구 소방기기
* 조명기기
* 소방기기

↓

현관 시설물
* 현관벽, 천정
* 중문이 있을 경우 청소

↓

현관 바닥
* 현관 바닥 청소

↓

줄눈 시공
* 줄눈시공
* 고객 요청 시/별도 비용

↓

마무리
* 최종 점검
* 현관 청소 전/후 사진을 고객에게 발송

↓

신발장 청소
* 신발장 내 (탈거), 외
* 현관 거울

2. 현관 청소 작업별 프로세스

가. 현관 청소 준비하기

1) 생활하자 체크
현관 내부, 시설물에 대한 생활하자 체크

2) 시설물 재질 확인
사전 확인한 현관 내무, 시설물에 대한 재질 확인

3) 열거나 분리할 수 있는 모든 시설물 분리 후 미리 준비한 세제 물에 담가불려 놓기 * 조명기구 틀 등

4) 청소도구 및 청소 세제 준비

5) 보양지 제거
현관 내부 및 시설물을 보호하기 위한 보양지 및 비닐 등 제거

나. 전구 및 조명기구, 소방기기 청소

1) 전구 및 조명기구 청소
2) 소방기기 청소

다. 현관 시설물 청소

1) 현관 벽, 천정, 구조물 및 잔여물 청소

2) 중문이 있을 경우 중문 오염물 제거 및 청소

라. 신발장 청소하기
1) 신발장 내(탈거)·외 청소 실시
2) 현관에 거울이 있을 경우 함께 청소 실시

마. 현관 바닥 청소
현관 바닥 재질에 따라 세부 세척 작업

바. 줄눈시공
고객 요청 시/별도비용

사. 마무리 작업
전체 마감 세척 및 최종 점검

3. 현관 청소 작업 순서별 세부 청소 방법
(입주 청소 프로세스와 동일)

효과적인 청소 TIP

■ **현관 상태 파악 및 생활 쓰레기 정리**

현관 청소 시작 전 내부 및 시설물을 살펴 배치상태, 청결도, 정리정돈의 상태를 파악해야 한다.

＊현관 상태를 파악하기 위해 현관 내 신발장, 중문 등을 자세히 살핀다.
＊위 부분을 자세히 살핀 뒤 청소하는데 문제가 발생하지 않도록 이사하면서 버리고 간 생활 쓰레기를 정리 한다.

03 Sweet Home
거주 청소

생활하면서 발생된 묵은 때, 찌든 때, 곰팡이 세균, 생활먼지 그리고 외부에서 유입되는 미세먼지 등 각종 오염물질 뿐 아니라 주거환경 내 보이지 않는 구석진 곳까지 전문적인 청소를 해줌으로써 새집 같은 깨끗하고 위생적인 쾌적한 주거환경을 유지시켜 주는 것이 필수적이다.

새집 같은 깨끗하고 위생적인 수거환경!

묵은 때

1. 거주 청소의 정의

생활하면서 발생된 묵은 때, 찌든 때, 곰팡이 세균, 생활먼지 그리고 외부에서 유입되는 미세먼지 등 각종 오염물질 뿐 아니라 주거환경 내 안 보이는 구석진 곳까지 청소하여 새집 같은 깨끗하고 위생적인 쾌적한 주거환경을 유지시켜 주는 계획적이고, 전문적인 거주 청소가 필수이다.

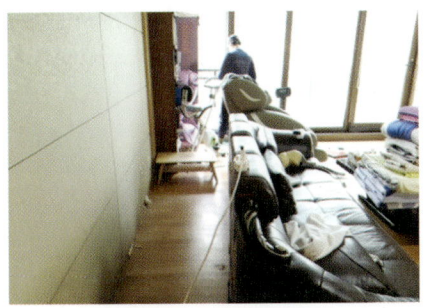
소파 뒤 쪽 먼지, 유해물질

거주 공간 오염물질 확인

주방 하부장 물품 꺼내기

욕실 타일 틈새 이물질

2. 거주 청소 기본정보

가. 인원 및 작업방식
1) 거주 할 평형에 따라 2~4명 또는 상황에 따라 그 이상도 투입될 수 있다.
2) 상황 또는 재질에 따라 청소도구 및 청소 세제를 준비한다.

| 인원 및 작업방식 | 작업시간 | 안전 및 유의사항 |

나. 작업 시간

평형 또는 건물 구조에 따라 4시간에서 8시간 내외의 청소 시간을 필요로 한다. 단, 상황에 따라 작업시간은 달라 질 수 있다.

다. 안전 및 유의사항

1) 유니폼(안전화, 마스크 등)을 반드시 착용한다.
2) 전체 환기 작업은 필수적으로 해야 한다.
3) 원활한 작업을 위해 가스(온수 사용을 위함), 수돗물, 전기는 필수적으로 필요하다.
4) 쓰레기봉투는 기본적으로 고객님이 준비해야 하므로 사전에 안내를 해야 한다. 단, 쓰레기 처리는 작업자가 직접 진행한다.

3. 청소 작업별 프로세스

가. 평형에 따른 상황별 클리닉 계획 수립

1) 각 구역별 필요한 청소 방법 파악(바닥 재질, 창, 유리 등)
2) 각 구역별 환기 및 물품정돈 계획
3) 청소도구 및 청소 세제 준비

[표23] 청소 작업별 프로세스

4) 옵션 서비스 고객 선택 시 도구 및 세제 등 준비

나. 생활하자 부분 점검 및 고객 통보
1) 청소 전 하자 체크 후 확인 시, 사진 촬영하여 고객 통보
2) 청소 진행 중 하자 확인 시에도 사진 촬영하여 고객 통보

다. 환기 및 물품 정돈 작업
1) 청소 전 모든 창문, 문 등 환기 실시
2) 청소 전 각 구역별 분리 할 수 있는 모든 시설물을 분리하여 세제 물에 담가 놓기
*하수구(욕실, 주방 등), 후드 틀, 배수로 뚜껑 등
3) 모든 구역 청소 전 물품 정돈하기

라. 각 구역별 구조물, 잔여물, 유해물질, 먼지제거 등 전체 미세작업 실시

마. 옵션 서비스 실시(별도비용 발생)
1) 새집증후군 · 헌집증후군
2) 해충방역소독

3) 홈 케어 서비스
① 마루코팅(광택) ② 싱크대 상판 연마
③ 가전제품(소형 포함) 케어 ④ 매트리스

바. 각 구역별 총괄팀장 검수(점검표 작성)

사. 고객 최종 검수 및 필요시 보완 작업
1) 각 구역별 청소 전·후 사진 고객에게 전송
2) 청소 당일 날, 바로 확인한 경우 수정 청소 바로 실시
단, 청소 후 A/S가 발생 할 수 있으므로 청소 완료 후, 고객에게 3일 이내 A/S 가능함을 안내하기

4. 각 구역 별 청소 순서 및 구역별 청소 핵심 포인트

가. 평형에 따른 상황별 클리닉

1) 각 구역별 청소 순서
주방 → 욕실 → 베란다 → 방 → 거실 → 현관
순으로 청소를 진행하기

2) 상황에 따라 순서를 변경하거나 동시에 청소를 진행하기

나. 각 구역별 청소 핵심 포인트

1) 주방 청소
* 싱크대 내 · 외부 청소
* 식탁 및 싱크대 주변 청소
* 주방가전 청소(가스레인지, 후드 등)
* 싱크대 상판 연마(고객 요청 시 · 별도 비용)
※ 싱크대 상부장부터 아래로 청소를 진행

2) 욕실 청소
* 천장, 벽면, 환풍기, 욕실 바닥 청소
* 변기, 세면대, 욕실장 내 · 외부 청소
* 줄눈시공(고객 요청 시 · 별도 비용)

3) 발코니 청소
* 창문, 창틀, 방충망 오염제거 후 먼지 제거
* 베란다 바닥, 유리창 오염 및 이물질 제거
* 다용도실 창고 먼지 제거
* 홈 케어 서비스(세탁기)
※ 고객 요청 시 · 별도 비용

4) 침실 · 거실 청소
* 벽, 천장, 몰딩 부분의 먼지 및 오염 제거
* 장식장, 붙박이장 등의 먼지 및 얼룩 제거
* 문틀, 창문틀의 오염제거, 각방 내부 유리창 청소
* 마루 및 바닥의 이물질 제거
* 마루 코팅 작업(고객 요청 시·별도 비용)
* 홈 케어 서비스(매트리스, 에어컨)

5) 현관 청소
* 현관 바닥, 벽 및 천장의 미세먼지 오염물질 제거
* 현관문, 중문, 신발장의 스티커 제거 및 오염제거

참고사항

■ 모든 청소는
① 안쪽에서 바깥쪽으로 진행한다. ② 위에서 아래 순으로 진행한다.

5. 거주 청소의 품격 옵션 서비스 ①

옵션 서비스를 통해 새집 같은 깨끗한 거주 환경을 만들 수 있다.
＊단, 별도 비용이 청구되므로 고객 상담을 통한 고객의 요구가 있을 경우에만 시행

새집증후군 · 헌집증후군

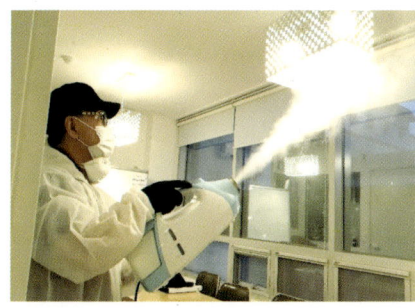

우리 가족의 건강을 위해 반드시 유해물질 제거는 필요하다.
＊**새집증후군 · 헌집증후군 발생원인**
포름알데히드, 곰팡이, 발암물질, 라돈트리콜로 에틸렌, 방부제의 붕산염 등 여러 가지가 있다.
＊**100% 피톤치드를 활용한 새집증후군 제거 필요**

마루 코팅(광택)

마루 본래의 기능을 효과적이고, 지속적으로 유지 할 수 있다.
＊**마루 코팅의 필요성**
마루 코팅 작업을 통해 마루표면의 보호와 변형을 방지하여
장기간 깨끗하게 사용하는 것은 필수
＊**친환경 소재의 전용 코팅제 시공이 필요**

주방 유리막 코팅(광택)

색상 변질 및 세균 번식을 방지하기 위한 유리막 코팅은 필요하다.

❋ 유리막 코팅의 필요성

주방 및 욕실의 청결은 가족 건강을 위해 필수적으로 지켜져야 함으로 유리막 코팅 작업을 통해 모든 오염 물질로부터 안전하게 가족의 건강을 지킬 수 있다.

❋ 친환경 소재의 전용 유리막 코팅제 시공이 필요

줄눈시공

오염 방지, 청소 관리, 리모델링 효과를 한 번에 볼 수 있다.

❋ 줄눈시공의 필요성

줄눈시공을 통해 물때 등의 오염 방지 및 무엇보다 청소와 관리가 월등히 쉬워지며, 공간의 느낌을 살릴 수 있는 리모델링 효과까지 얻을 수 있다.

❋ 반영구적인 줄눈시공이 필요

5. 거주 청소의 품격 옵션 서비스 ②

옵션 서비스를 통해 새집 같은 깨끗한 환경을 만들 수 있다.

❋ 단, 별도 비용이 청구되므로 고객 상담을 통한 고객의 요구가 있을 경우에만 시행

홈 케어 서비스

'생활(가전) 제품의 기능을 효과적으로 유지시켜 준다.'

의류를 깨끗하게 해주는 세탁기, 쾌적한 실내 온도를 유지 시켜주는 에어컨, 먹는 음식을 위생적으로 보관해주는 냉장고, 편안한 수면을 위해 필요한 침대 매트리스에 대한 청소는 일상에서 매일 하는 기본적인 청소 외에 주기적으로 전문적인 청소가 필요하다.

세탁기

세탁기 통 및 거름망 등에 끼여 있는 먼지 뭉치, 에어컨 필터 및 내부에 쌓여 있는 먼지, 음식물 자국이 있는 냉장고, 집먼지진드기 등의 침대 매트리스를 소홀히 관리하면 우리의 건강을 위협할 수 있다.

생활(가전)제품의 사용은 우리 생활에 밀접하게 관련된 만큼 사용 빈도가 높아서 주기적으로 전문적인 관리가 필수이다.

에어컨

냉장고

매트리스

구역별 청소작업 프로세스
Zone Cleaning Process

01
Kitchen Cleaning
주방 청소

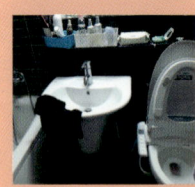

02
Bathroom Cleaning
욕실 청소

03
Balcony Cleaning
발코니 청소

04
Bedroom, Living Room Cleaning
침실, 거실 청소

05
Porch Cleaning
현관 청소

01

Kitchen Cleaning
주방 청소

주방 공관과 시설물을 청소하고
정리정돈을 수행한다.

1. 주방 청소의 정의

'음식을 하는 주방! 위생에 신경 써야 한다.'

음식을 만드는 주방은 세균이 번식하기 쉽다. 특히 가정에서 먹을 음식을 다루는 곳이므로 위생적이고, 청결하게 관리 될 수 있도록 전문적인 청소가 필요하다.

따라서 주방의 상태를 파악한 후, 주방 청소에 필요한 청소도구 및 청소 세제를 준비하여 싱크대 내·외부, 싱크대 상·하부장, 가스레인지 및 후드, 주방 가전 등 주방 시설물의 청소와 관리를 해야 한다.
특히 불을 다루는 곳이므로 청소 진행 시, 항상 주의해야 하는 장소이다.

가족의 건강을 책임지는 장소이므로 항상 청결하게 관리하여 깨끗한 환경을 유지시키는 것이 중요하다.

[표 24] 주방 청소 작업별 프로세스

2. 주방 청소 작업별 프로세스

가. 주방 청소 준비하기
1) 생활하자 체크
주방 내·외부, 시설물에 대한 생활하자 체크
2) 시설물 재질 확인
사전 확인한 주방 내·외부, 시설물에 대한 재질 확인
3) 열거나 분리할 수 있는 모든 시설물 분리 후 미리 준비한 세제 물에 담가 불려 놓기
＊환풍기, 하수구, 배수로 뚜껑 등
4) 청소도구 및 청소 세제 준비
5) 주방 상태 파악 및 물품 정리 주방 내·외부 및 주방가전 제품에 대한 상태 파악 및 물품 정리

나. 주방 공간 청소하기
1) 싱크대 상·하부 장 청소
2) 싱크대 벽타일 오염제거 및 이물질 제거
3) 식탁 청소

다. 주방가전 청소하기

1) 가스레인지 청소
2) 가스레인지 후드 및 상부 스테인리스 청소
3) 전자레인지 및 오븐 청소

라. 싱크대 청소하기

1) 개수대 청소
2) 조리대(아일랜드 조리대 포함) 청소

마. 냉장고 청소하기

고객 요청 시/별도비용

바. 유리막 코팅

고객 요청 시/별도비용

사. 마무리 작업

1) 전체 마감 세척 및 최종 점검
2) 주방 청소 전·후 사진 고객에게 전송

3. 주방 청소 작업 순서별 세부 청소 방법

가. 주방 청소 준비하기

1) 생활 하자 체크

주방 청소 실시 전 주방 내·외부 및 주방 시설물에 대한 생활 하자 여부를 꼼꼼히 확인 후 사진 촬영을 실시한다.

✱ 사전에 차단할 수 있는 문제 같은 경우 적극적으로 대처하는 것이 원활한 청소 작업을 위한 지름길이다.

싱크대 불판 확인

후드 상부 확인

싱크대 주변 하자 확인

후드 내부 fan

① 주방 내·외부, 시설물에 대한 생활하자를 꼼꼼히 체크 후 사진 촬영
- **싱크대** : 조리대 상판 갈라짐, 깨짐, 금간 경우 등
- **후드** : 결로, 스테인리스 긁힘 등
- **수납장** : 시트지 벌어짐, 찢어짐 상·하부장 들뜸 현상
- **주방 벽면** : 타일 깨짐 및 금간 경우, 타일 공동현상 등

② 촬영한 사진을 고객에게 전송

③ 청소 중간에 발견한 하자 또한 사진 촬영 후 고객 통보

2) 시설물 재질 확인

주방 청소 실시 전 주방 내·외부 및 주방 시설물에 대한 재질 확인을 통해 청소 장비 및 청소 세제를 올바르게 선택하여 사용함으로써, 작업 효율을 높일 수 있다.

싱크대 불판 확인

후드 상부 확인

싱크대 상·하부장, 벽면, 상판(대리석) 재질

① 사전 확인한 주방 내부 시설물에 대한 재질 확인
  • **싱크대** : 조리대, 개수대 등 재질(스테인리스, 대리석 등)

- 가스레인지 및 후드 : 스테인리스 재질 확인
- 수납장 : 상·하부장 재질(시트지, 목재 등) 확인
- 주방 벽면 : 주방 벽면 재질(타일, 시트지 등) 확인
- 냉장고 : 냉장고 상태 및 재질 확인

② 시설물 재질에 따른 청소 도구 및 청소 세제 확인

3) 열거나 분리 할 수 있는 모든 시설물 분리 주방 청소 실시 전 가장 먼저 주방 내, 열거나 분리 할 수 있는 모든 시설물은 분리시켜 세제 물에 담가 놓기.

＊생활하면서 발생된 묵은 때, 찌든 때, 생활먼지 등에서 발생된 오염물질이므로 불려 놓는 시간이 충분히 필요하므로 가장 먼저 작업하는 것이 바람직하다.

■ **분리한 시설물 청소 순서**

① 주방 청소 전 개수대 내 배수구, 각종 물받이 대, 후드 틀, 수도꼭지 거름망 등을 분리한다.

② 분리한 시설물은 세제를 넣은 물에 담가 놓는다.

개수대 안 거름망 등 분리

후드 틀 내 후드 망 분리

개수대 각종 물받이 대(수저통 등) 분리

후드 틀 세제 물에 담가 놓기

③ 불려 놓은 시설물을 부드러운 수세미로 문질러 세척 한 후, 건조한다.

＊오랫동안 청소가 안 되어 있어 기름 등의 묵은 때, 찌든 때가 많은 상태이므로 깨끗하게 청소를 해야 한다.

후드틀, 거름망

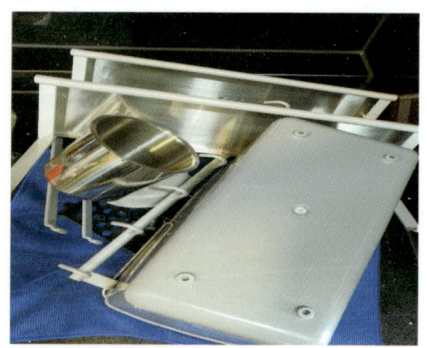
각종 물받이대 등 건조

* 주방 후드 위에 먼지, 찌꺼기를 반드시 확인한다.(수세미 사용 금지, 부드러운 천으로 닦아내기)

④ 주방 청소 마무리 후 장착한다.

4) 청소도구 및 청소 세제 준비
주방 내·외부 및 주방 시설물 청소를 위한 최적의 청소도구 및 청소 세제를 선택하여 청소 전에 미리 현장에 셋팅한다.

[표25] 주방 청소에 필요한 청소도구 및 청소 세제

종류별 극세사 걸레	각종 양동이	수세미(강한, 부드러운)
멜빵, 스팀 청소기	다목적 세정제	스티커 제거제
유리세정제	스텐 광택제, 곰팡이제거제	고무장갑
갈고리헤라, 스크래퍼	빗자루	분무기

5) 주방 상태 파악 및 생활 쓰레기 정리

주방 청소 시작 전 주방 내·외부 및 시설물을 살펴 배치상태, 청결도, 정리정돈의 상태를 파악해야 한다.

✽ 주방 상태를 파악하기 위해 싱크대, 싱크대 상/하부장, 식탁, 가스레인지, 후드, 주방가전제품, 음식물 찌꺼기, 주방 바닥, 주방 벽면 등을 자세히 살핀다.

✽ 위 부분을 자세히 살핀 뒤 청소하는데 문제가 발생하지 않도록 물품을 정리 한다.

싱크대 상태

싱크대 상·하부장 상태

식탁 상태

주방가전제품 상태

주방 바닥, 주방 벽면 등 상태

냉장고 상태

나. 주방 공간 청소하기

1) 싱크대 상·하부장 청소

음식 조리 과정에서 필요한 물품 및 음식 용기 등을 보관하는 장소로 매일 청소가 어려운 공간으로 기름 때, 생활먼지, 묵은 때 등의 오염물질이 쌓여 있는 상태이다.

가족의 건강을 책임지는 공간이니 만큼 싱크대 상·하부장에 있는 물품을 꺼낸 뒤 내·외부 등을 꼼꼼하게 청소해야한다.

싱크대 상·하부장(걸레장)

싱크대 하부장 청소

■ 먼지는?

먼지는 날마다 쌓인다. 눈에 보이지 않지만 공기 중에는 각종 먼지(생활먼지, 외부 유입 먼지 등)가 발생되며, 특히 주방 하부장(걸레장)에 먼지가 많이 쌓인다.

■ 먼지의 움직임

(1) 각종 먼지(생활먼지, 외부 유입먼지)는 공기 중에 떠다닌다.
(2) 약 2시간 정도가 지나면 공기 중에 떠다니던 먼지는 천천히 바닥으로 가라 앉기 시작한다.
(3) 바닥으로 가라앉은 먼지는 공기의 흐름에 따라 벽, 가구, 집안 내 각종 시설물에 내려앉아 표면, 구석진 곳 등으로 모인다.

■ **싱크대 상·하부장 청소 순서**

① 전체 상·하부장을 열어 보관된 물품들을 모두 꺼낸 뒤, 선반 등에 있는 오염물질을 1차로 제거한다.

② 싱크대 상·하부장 전체 선반 및 서랍을 탈거한다.

 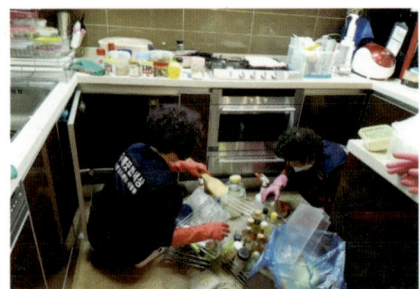

싱크대 물품 정리 및 오염물질 1차 제거

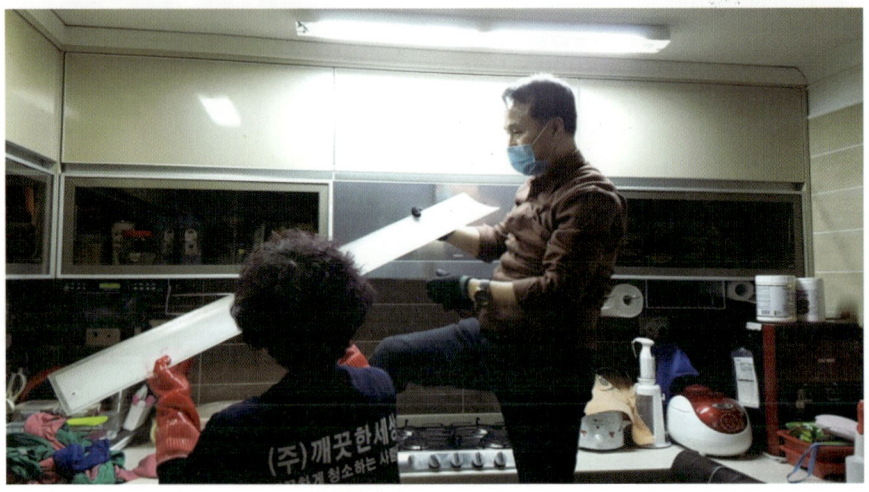

싱크대 쪽 전등 커버 청소

③ 싱크대 내부 및 탈거한 선반, 서랍을 꼼꼼히 세척한다.

* 청소기 브러시를 이용하여 싱크대 안쪽 공간, 벽면, 레일까지 빠짐없이 먼지를 흡입한

다. 탈거한 선반, 서랍도 청소기 브러시를 이용하여 흡입한다.

＊브러시 작업을 하지 않고 젖은 걸레로 바로 닦아 버리면 모서리 및 레일에 먼지가 남아 있을 수 있기 때문에 브러시 작업은 필수 작업임.

＊분진 흡입 후, 부드러운 수세미에 세제 물을 묻혀 세척한다.

＊젖은 극세사 걸레 → 마른 극세사 걸레 순으로 반복해서 닦는다.

＊손으로 만졌을 때 먼지가 느껴지지 않을 때까지 닦는다.

싱크대 물품 정리

싱크대 선반 청소 1

싱크대 선반 청소 2

싱크대 선반 청소 3

④ 탈거한 선반 및 서랍을 조립한다.

싱크대 상·하부장 내부 청소 완료 및 탈거한 선반 및 서랍을 조립한다.

＊습기 및 냄새 제거를 위해 환기 필요

청소의 함정

자칫 익숙함이 가져다주는 안전 불감증의 문제점으로부터 자신을 지키고 고객을 지키는 것이 우리의 책임이고 의무이다.

1. 도장공들의 휘발성, 페인트 냄새
2. 목수들의 분진과 소음
3. 의류회사들의 섬유분진
4. 건축현장의 각종 화학물질 냄새와 분진들
5. 각종 산업현장마다의 특수한 작업환경에 따른 산업폐기물 까지
6. 청소업체의 각종 세제의 사용 부주의에서 오는 호흡기질환과 냄새와 피부 트러블로 인한 재해발생(건강의 치명적인 발병원인 : 시력, 청력감퇴, 두통과 알러지유발, 호흡기질환, 간 기능저하 및 각종 암유발)

2) 싱크대 벽타일 오염제거 및 이물질 제거

싱크대 벽면의 재질에 맞는 세제를 선택하여 벽면 붙어 있는 스티커, 미세먼지 등 오염물질을 꼼꼼하게 제거한다.

■ 싱크대 벽면 청소 순서

＊ 벽면의 재질에 따라 세제 선택 후 청소를 진행한다.
＊ 손으로 만졌을 때 먼지가 느껴지지 않을 때까지 닦는다.
① 마른 극세사 걸레를 이용하여 타일 전체를 닦아낸다.
② 세제 물을 묻힌 부드러운 수세미를 이용하여 기름 때, 묵은(찌든)때 등을 닦아낸다.
＊ 스티커·본드·시멘트·풀 등은 전용 세제를 활용하여 벗겨낼 때, 갈고리헤라 및 스크

래퍼 등을 이용하여 얼룩이 남지 않도록 깨끗하게 닦아낸다.

＊도구나 세제를 잘못 사용하면 흠이 생기거나, 광택이 벗겨지는 등 재질의 변형이 올 수 있다.

③ 젖은 극세사 걸레 → 마른 극세사 걸레 순으로 마무리 한다.

싱크대 벽면 청소

3) 식탁 청소하기

조리한 음식을 차려 놓고 먹는 장소로 매일, 하루에도 여러 번 청소를 하는 공간이다.

그러므로 청결 유지를 위해 식탁에 묻어 있는 오염물질을 깨끗이 제거해야 한다.

■ 식탁 청소 순서

＊ 식탁의 재질에 따라 세제를 선택한 후 청소를 진행한다.

＊ 손으로 만졌을 때 먼지가 느껴지지 않을 때까지 닦는다.

① 식탁 위 물품을 정리 한 뒤 젖은 극세사 걸레를 이용하여 식탁 전체를 닦아 낸다.

② 잘 닦이지 않는 묵은(찌든)때는 세제 물을 묻힌 부드러운 수세미를 이용하여 닦아낸다.

＊ 도구나 세제를 잘못 사용하면 흠이 생기거나, 광택이 벗겨지는 등 재질의 변형이 올 수 있다.

③ 젖은 극세사 걸레 → 마른 극세사 걸레 순으로 마무리 한다.

식탁 청소

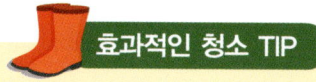 효과적인 청소 TIP

■ 효과적인 걸레질 방법
(1) 극세사 걸레를 활짝 편 뒤, 아래와 같은 방법으로 4번 접는다.

 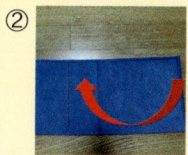 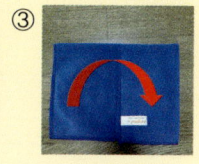 

(2) 장갑(미끄럼 방지)을 낀 상태에서 한 면씩 사용한다. 최소 6면에서 최대 12면 까지 사용 할 수 있다.

3) 가장 큰 장점은 고르게 접힌 극세사 걸레는 걸레질 면이 고르기 때문에 얼룩 없이 깨끗하게 청소를 할 수 있다.

 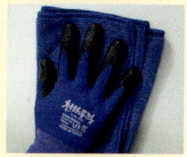

※ 고르게 접지 않고 손으로 움켜 쥔 채로 사용을 하게 되면,
① 불필요하게 걸레를 낭비할 수 있다.

② 가장 큰 단점은 오른쪽 사진에서 볼 수 있듯이 걸레질 면이 고르지 않아 얼룩이 남겨지는 경우가 많아지므로 깨끗 하게 청소를 할 수 없다.

다. 주방가전 청소하기

1) 가스레인지 후드

가스레인지 후드 틀 및 망에는 묵은 기름 때, 찌든 때가 오랫동안 쌓여 있는 상태로 깨끗하게 세척하지 않는다면 음식에 그대로 들어갈 수 있으므로 청소 가 꼭 필요하다.

가스레인지 후드는 후드 망과 후드 틀로 구분하여 청소를 진행하며, 반드시 재질 확인 후, 청소를 해야 한다.
＊도구나 세제를 잘못 사용하면 흠집이 생기거나, 광택이 벗겨지는 등 재질의 변형이 올 수 있다.

■ **가스레인지 후드 망 청소 순서**
① 청소 시작 전에 가스레인지 및 오븐 위를 신문지로 덮기
② 후드 망을 분리해서 전용 세제 물에 담가 불려 놓기
③ 수세미로 문질러 닦고 물로 헹군 후, 건조
④ 건조한 후, 장착

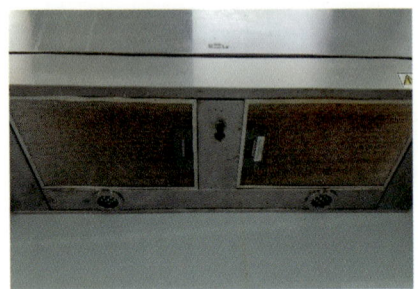
후드 틀 내 후드 망 청소

후드 망 세제 물에 담그기

■ **가스레인지 후드 틀 청소 순서**
① 세제 물을 부드러운 솔에 묻혀 문질러 닦기
＊표면에 흠이 생기지 않도록 주의해서 조심스럽게 세척하기
② 젖은 걸레로 세제가 묻어 나오지 않을 때까지 닦기
③ 스팀기로 마무리
④ 청소 완료 후, 후드 가동 확인

후드 틀 내 후드 망 청소

후드 망 세제 물에 담그기

건조 후 후드 망 제자리 장착

2) 가스레인지(인덕션) 청소

가스레인지(인덕션)에는 묵은 기름 때, 음식물 자국 등이 묻어 있는 상태로 깨끗하게 세척하지 않는다면 음식에 그대로 들어갈 수 있으므로 청소가 꼭 필요하다.

단, 가스레인지(인덕션)는 특수한 재질이므로 손상이 가지 않도록 주의하여 청소를 해야 한다.

■ 가스레인지 청소 순서

① 삼발이, 버너 캡, 버너 헤드를 분리하여 따뜻한 세제 물에 담가 놓기

건조 후 후드 망 제자리 장착

가스레인지 표면 청소

② 가스레인지 표면에 세제 물을 뿌린 뒤, 부드러운 수세미로 문지르기
③ 젖은 걸레 → 마른걸레 순으로 닦아내기
④ 버너 구멍, 점화플러그, 불꽃감지부
＊ 버너 구멍과 점화플러그는 솔이나 칫솔을 이용해 먼지, 이물질을 제거하고, 버너구멍의 막힌 부분은 이쑤시개로 뚫기
＊ 점화플러그를 청소할 때는 플러그 상단의 뾰족한 침에 찔리지 않도록 주의
⑤ 가스관, 호스 등 가스관, 호스는 젖은 걸레 → 마른걸레 순으로 닦아내기

가스레인지 전체 청소

⑥ 분리한 부품 세척하기 따뜻한 세제 물에 불려 놓은 부품은 수세미로 닦기
＊ 젖은 걸레 → 마른걸레 순으로 닦아 내기
⑦ 분리한 삼발이 등을 장착하기

청소 완료 후, 분리한 부속품 장착한 후 마무리

점화 불꽃 테스트

＊가스레인지, 인덕션을 청소할 때는 반드시 가스밸브, 전기코드 등의 안전 관리가 필요

⑧ 청소 완료 후, 점화 불꽃 확인

＊점화가 안 되는 경우 불꽃에 물기가 남아 있으니 불꽃을 건조 시켜야 함.이때 드라이기를 사용하여 건조 시킨다.

■ **전기레인지(인덕션) 청소**

① 젖은 걸레로 유리 표면을 부드럽게 닦기

② 젖은 걸레로도 지워지지 않는 얼룩이 있을 경우 전기레인지 전용 세제를 사용하여 부드러운 솔로 닦아주기

＊단, 수세미, 솔 등 날카로운 도구로 상판을 닦으면 상판에 흠이 생길 수 있으므로 주의하여 닦기

③ 마른걸레를 이용하여 습기 및 얼룩 없이 닦기

④ 청소 완료 후, 점화 불꽃 확인하기

세제 묻힌 인덕션

부드러운 솔로 닦기

마른 걸레로 습기 및 얼룩 없애기

3) 전자레인지(오븐) 청소

주방가전 중에서도 전자레인지(오븐)은 많은 부속품 때문에 평소에도 청소가 어렵다.
전문적인 청소 후, 가정에서 쉽게 관리 할 수 있도록 깨끗하게 청소하는 것이 중요하다.

■ 전자레인지(오븐) 청소 순서
① 측면의 선반을 포함해 모든 부속품을 분리

② 전자레인지(오븐) 안에 남아 있는 음식물 묵은 때 등의 오염물질을 제거한다.
③ [고온청소기능]을 터치

＊기능이 없다면 컵에 따뜻한 식초 희석물(식초1:물5)을 오븐에 넣고 가동하면 스팀 청소 기능을 함

④ 청소 종료 후, 오븐이 완전히 식을 때 까지 기다린 후 젖은 걸레 → 마른걸레 순으로 오븐 문과 내부를 닦아주기

전자레인지(오븐) 청소

라. 싱크대 청소하기

주거 공간 중 물때가 쉽게 생기는 공간이 싱크대이다.
세균번식이 잘되는 환경이 만들어지는 공간이므로 깨끗한 청소가 필요하다.
싱크대는 개수대와 조리대로 구분하여 청소를 진행하며 재질 확인이 꼭 필요하다.
특히 싱크대 상판은 색상 변질 및 세균번식 방지를 위한 싱크대 상판 연마와 유리막 코팅을 권장한다.

1) 개수대 청소

싱크대 중에서도 개수대는 세균번식이 잘되는 환경을 만들 수 있으므로 깨끗한 청소가 필요하다. 생활하면서 발생한 오염물질이 개수대 거름망에 많이 묻어 있으므로 꼼꼼한 청소가 필요하다.

개수대 및 배수로 거름망

개수대 부속품 세제물에 담가놓기

■ 개수대 청소 순서

① 거름망 등 개수구 안 부품을 분리 후, 세제 물에 담가 놓는다.
② 선반, 건조대 등 개수대 전용 시설물을 개수구 부품과 별도로 세제 물에 담가 놓기
③ 개수대 내부(수도, 개수대)는 분진 등 오염물질을 먼저 흐르는 물로 1차 세척한다.

＊부드러운 솔이라도 개수대 재질 특성상 바로 닦으면 흠집이 생길 수 있다.

④ 부드러운 수세미에 세제 물을 묻혀 구석구석 닦아내기

단, 수도 부분은 칫솔 등을 활용하여 수도부분과 개수대 연결부분까지 꼼꼼하게 닦기

⑤ 개수대에 물을 뿌려 세제 물을 제거한다.

⑥ 젖은 걸레 → 마른걸레 순으로 물기를 제거한다.

⑦ 손으로 먼지 및 물기 확인

⑧ 불려 놓은 개수구(거름망 등) 및 선반, 건조대 등을 청소한 후 물기를 제거한다.

⑨ 잘 말려 놓은 개수구 및 선반, 건조대 등 제자리에 장착한다.

싱크대 개수대

개수구 거름망 오염물질 제거

개수대 소독 작업

건조 및 제자리 장착

효과적인 청소 TIP

■ 효과적인 개수대 수도꼭지 청소법
물이 나오는 수도꼭지 끝부분은 수도 종류에 따라 다르지만, 보통 개폐 할 수 있다.

개폐가 가능한 수도꼭지라면 꼭 분리 후, 칫솔을 활용하여 안쪽 부분까지 깨끗하게 청소를 진행한다.

2) 조리대 청소

개수대 및 각종 주방 가전기구 외의 자리에 위치하는 곳으로 싱크대 상판 대부분을 차지하는 넓은 공간이며 음식물을 다듬거나 만드는 공간이다.
조리대는 대리석 또는 목재 등으로 마감되어 있다
그러므로 색상 변질 및 세균번식 방지를 위하여 상판 연마 및 유리막 코팅을 권장한다.
단, 별도비용이 추가되므로 고객요청시에만 시공

■ **조리대 청소 순서**
① 브러시 진공청소기를 활용하여 음식물 묶은 때 등 오염물질을 제거한다.
② 부드러운 재질의 수세미에 세제 물을 묻혀 구석구석 닦아내기
③ 젖은 걸레 → 마른걸레 순으로 세제 물 및 물기를 제거한다.
④ 손으로 먼지 및 물기를 확인한다.

부드러운 수세미로 세제 물을 묻혀 닦기

세제 물을 젖은 걸레 및 마른걸레로 닦아내기

마. 냉장고 청소하기

음식물을 보관하는 냉장고는 청소하기 어려운 가전으로 가정에서 관리를 소홀히 하는 시설물 중 하나이다.

안전한 식재료 관리를 위해 냉장고 내부의 음식물 묵은 때, 찌든 때, 냉장고 외부 쌓여 있는 먼지 등의 오염물질이 묻어 있으므로 정기적인 청소와 관리가 꼭 필요하다.

■ **냉장고 청소 순서**

① 냉장고 내부 상태 확인 후 음식물을 분류한다.

* 상하기 쉬운 음식물을 따로 분류

② 냉장고 내 선반을 탈거한다.

③ 냉장고 내부를 전체 살균 처리 후 주방세제 물을 묻힌 부드러운 수세미를 이용하여 약하게 닦아낸다.

* 냉장고 표면에 흠이 생기지 않도록 주의해서 닦아내기

④ 젖은 극세사 걸레 → 마른 극세사 걸레 순으로 세제 물 및 물기를 제거한다.

⑤ 탈거한 선반은 살균 처리 후 주방세제 물을 묻힌 부드러운 수세미를 이용하여 약하게 닦아낸다.

* 선반 표면에 흠이 생기지 않도록 주의해서 닦아내기

* 위 칸 선반부터 먼저 세척 후 조립한 뒤, 상하기 쉬운 음식물을 먼저 넣어가며 청소한다.

⑥ 냉장고 가동 테스트 후 탈거한 선반들을 조립한다.

⑦ 음식물을 다 채워 넣은 뒤 냉장고 외관 청소를 진행한다.

⑧ 냉장고 외관 청소 시 주방세제 물을 묻힌 부드러운 수세미를 이용하여 부드럽게 닦아낸다.

⑨ 젖은 극세사 걸레 → 마른 극세사 걸레 순으로 세제 물 및 물기를 제거한다.

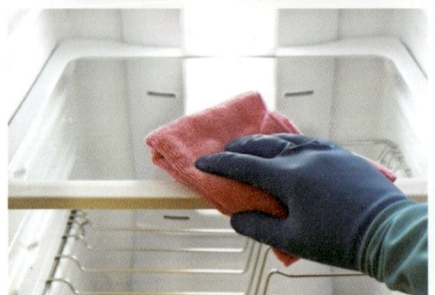

냉장고 청소

 효과적인 청소 TIP

■ 냉장고 청소 순서

① 냉장고 내 탈거할 수 있는 모든 선반을 탈거한다.

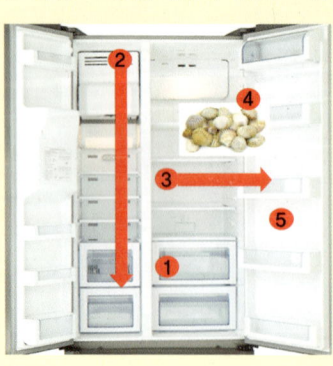

② 위에서 아래로 청소한다.
③ 냉장고 내부는 안쪽에서 바깥쪽으로 청소한다.
④ 상하기 쉬운 음식은 냉장고 위쪽으로 넣으면서 청소한다.
⑤ 냉장고 문안에 위치한 부분도 위에서 아래, 안쪽에서 바깥쪽으로 청소한다.
⑥ 탈거한 냉장고 선반을 조립한다.

바. 고객 요청 시 싱크대 상판 연마 및 코팅

* 샌딩 작업 후 세제(바르는 전용 세제 있음) 도포

사. 마무리 작업

– 환기 및 최종 점검

1차 : 현장 팀장(점검표 작성)

2차 : 주방 청소 전·후 사진을 고객에게 발송. 고객 최종 점검

[표 26] 주방 청소점검표

항목	내용	Check
주방청소 사전준비	주방 청소 사전 준비는 잘 되었는가?	
주방 공간 청소	싱크대 상·하부장 및 벽면 청소는 잘 되었는가?	
주방가전 청소	주방가전 청소는 잘 되었는가?	
싱크대 청소	싱크대 청소는 잘 되었는가?	
냉장고 청소	냉장고 청소는 잘 되었는가?	
옵션 서비스	고객 요청 시 싱크대 상판 코팅은 잘 처리 되었는가?	
마무리 작업	마무리 작업은 잘 되었는가?	

02
Bathroom Cleaning
욕실 청소

욕실 공관과 시설물을 청소하고 정리정돈을 수행한다.

1. 욕실 청소의 정의

'곰팡이와 세균이 번식하기 쉬운 욕실! 꼼꼼한 관리를 위한 청소가 필요하다.'

욕실은 몸의 청결을 유지하고, 또한 배설을 위한 공간이므로 위생에 민감한 장소이다.

따라서 욕실의 상태를 파악한 후, 욕실 청소에 필요한 청소도구 및 청소 세제를 준비하여 욕실 상·하부 시설물의 청소관리와 욕실 벽면, 천장, 욕실 바닥 등 욕실 내부를 깨끗하고 위생적으로 관리해야 한다.

특히 다른 구역에 비해 미끄러지기 쉬운 곳이므로 작업자의 안전관리가 무엇보다 중요하다.

집안에서 가장 습한 곳이므로 항상 깨끗하고 청결하게 관리하고, 쾌적한 환경을 유지시켜야 한다.

[표 27] 욕실 청소 작업별 프로세스

2. 욕실 청소 작업별 프로세스

가. 욕실 청소 준비하기

1) 생활하자 체크
욕실내부, 시설물에 대한 생활하자 체크

2) 시설물 재질 확인
사전 확인한 욕실 내부, 시설물에 대한 재질 확인

3) 열거나 분리할 수 있는 모든 시설물 분리 후 미리 준비한 세제 물에 담가 불려 놓기
＊환풍기, 하수구, 배수구 뚜껑 등

4) 청소도구 및 청소 세제 준비

5) 욕실 상태 파악 및 물품 정리
욕실 내부 및 시설물에 대한 상태 파악 및 물품 정리

나. 욕실 내부 공간 청소하기

1) 욕실 천장 청소
2) 욕실 벽면 청소

다. 욕실 상·하부 시설물 청소하기

1) 욕실 상부 시설물 청소하기

거울, 욕실장, 샤워부스, 욕실 선반 케이스, 수도꼭지, 수건걸이 등

2) 욕실 하부 시설물 청소하기

욕조, 세면대, 양변기(비데) 등

＊고열 스팀기, 살균 스팀기 사용

라. 욕실 바닥 청소하기

욕실 바닥 및 배수구 청소

마. 줄눈시공

고객 요청 시/별도비용

바. 마무리 작업

1) 환기 및 최종 점검
2) 욕실 청소 전·후 사진 고객에게 전송

3. 욕실 청소 작업 순서별 세부 청소 방법

가. 욕실 청소 준비하기

1) 생활하자 체크

욕실 청소 실시 전 욕실 내부 및 욕실 시설물에 대한 생활 하자 여부를 꼼꼼히 확인 후 사진촬영을 실시한다.

＊사전에 차단할 수 있는 문제 같은 경우 적극적으로 대처하는 것이 원활한 청소작업을 위한 지름길이다.

욕실 타일 줄눈 탈락

욕실 벽면 타일 탈락

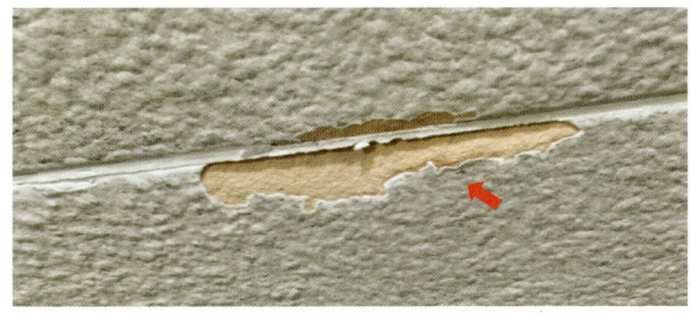
욕실 벽면 줄눈 마감 미처리

① 욕실 내부, 시설물에 대한 생활하자를 꼼꼼히 체크 후 사진 촬영
- 욕실 바닥, 벽면 : 타일 탈락, 깨짐, 금간 경우, 줄눈 곰팡이, 탈락 등
- 도기 : 누수, 깨짐, 균열, 떨어짐 등
- 욕실장 : 수납장 들뜸, 비뚤어짐 등

② 촬영한 사진을 고객에게 전송
③ 청소 중간에 발견한 생활하자 또한 사진 촬영 후 고객에게 통보

2) 시설물 재질 확인

욕실 청소 실시 전 욕실 내부 및 시설물에 대한 재질 확인을 통해 청소 장비 및 청소 세제를 올바르게 선택하여 사용함으로써, 작업 효율을 높일 수 있다.

욕실 벽면 재질 확인

욕실 도기 및 바닥 재질 확인

욕실장 재질

① 사전 확인한 욕실 내부, 시설물에 대한 재질 확인
- **욕실 바닥, 벽면** : 욕실 바닥, 벽면 재질(타일 등) 확인
- **욕실 도기 제품** : 세면기, 양변기, 욕조 등 확인
- **욕실장** : 수납장 재질(시트지, 스테인리스, 플라스틱, 유리 등) 확인

② 시설물 재질에 따른 청소도구 및 청소 세제 확인

3) 열거나 분리 할 수 있는 모든 시설물 분리

욕실 청소 실시 전 가장 먼저 욕실 내 열거나 분리 할 수 있는 모든 시설물은

분리시켜 세제 물에 담가놓기

＊분진 등 장기간 공사 중에 발생된 오염물질이므로 불려 놓는 시간이 필요하므로 가장 먼저 작업하는 것이 바람직하다.

■ 분리한 시설물 청소 순서

① 욕실 청소 전 배수로, 하수구, 환풍기를 분리한다.

하수구 틀 및 거름망 등 분리

환풍기 틀 분리

② 분리한 시설물은 세제를 넣은 물에 담가 놓는다.

③ 불려 놓은 시설물을 부드러운 수세미로 문질러 세척 한 후, 충분히 말려 놓는다.

불려 놓은 시설물(하수구 틀, 거름망, 환풍기 틀 등)

④ 욕실 청소를 마무리한 후, 장착한다.

하수구 틀, 거름망, 등 건조

건조 후 장착

4) 청소도구 및 청소 세제 준비

욕실 내부 및 시설물 청소를 위한 최적의 청소도구 및 청소 세제를 선택하여 청소 전에 미리 현장에 셋팅을 한다.

[표28] 욕실 청소에 필요한 청소도구 및 청소 세제

각종 극세사 걸레	각종 바켓스	고무장갑, 속장갑
세제, 물때 제거제, 방향제	곰팡이제거제, 배수구청소	고압 스팀기, 소형 스팀기

| 수세미(강한, 부드러운) | 매직블럭, 더블헤드브러시 | 스퀴지, 피스톤 압축기 |
| 갈고리헤라, 스크래퍼, 칼 | 빗자루 | 분무기 |

5) 욕실 상태 파악 및 물품 정리

욕실 청소 시작 전 욕실 내부 및 시설물을 살펴 배치상태, 청결도, 정리정돈의 상태를 파악해야 한다.

＊욕실 상태를 파악하기 위해 욕실 수납장, 샤워부스, 욕조, 세면대, 양변기(비데) 등을 자세히 살핀다.

＊위 부분을 자세히 살핀 뒤 청소하는데 문제가 발생하지 않도록 물품을 정리 한다.

욕실 내부 전체

욕실 수납장 상태

욕실 샤워부스 상태

욕실 욕조 상태

욕실 세면대 상태

욕실 양변기 상태

나. 욕실 내부 공간 청소하기

욕실 내부는 습한 환경으로 욕실 천장, 벽면에 곰팡이, 세균 등이 번식하기 쉽다.

또한 욕실 내부는 다른 구역과는 다르게 벽면과 천장의 재질이 특별하며, 생활하면서 발생하는 생활먼지, 외부에서 유입되는 미세먼지 등의 오염물질을 재질에 맞는 청소 세제 및 청소도구를 활용하여 깨끗하게 청소해야 한다.

1) 욕실 천장 청소

욕실 천장의 재질(SMC천장재 등)에 맞는 세제를 선택하여 천장 면에 붙어 있는 묵은(찌든)때 등의 오염물질을 제거한다.

■ 욕실 천장 청소 순서

① 욕실 천장 청소 전 환풍기 분리 확인 및 물품을 정리한다.

＊바깥으로 나와 있는 물품이 물에 젖지 않도록 주의

＊욕실 청소 준비하기 과정에서 사전 진행

② 환풍기 주변 진공청소기를 활용하여 미세먼지, 벌레 등의 쌓여있는 오염물질 제거한다.

③ 막대형 청소솔을 이용하여 세제 물을 묻혀 천장 구석구석을 깨끗하게 청소한다.

④ 젖은 걸레 → 마른걸레 순으로 물기를 제거한다.

＊효과적인 걸레질 TIP(50p 참고)

⑤ 손으로 오염물질 및 물기가 남아있는지 확인한다.

⑥ 욕실 천장 청소 전체 마무리 후, 물기를 제거한 환풍기 부속품을 장착한다.

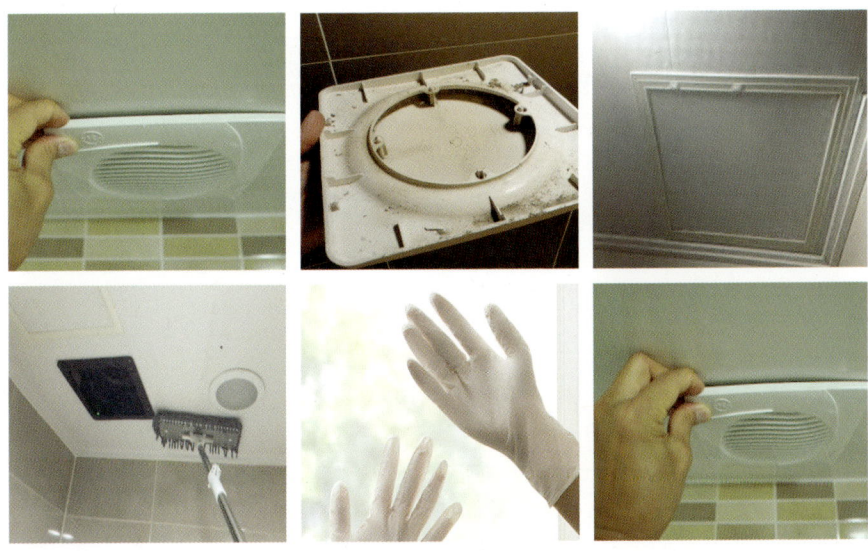

욕실 천장 청소

2) 욕실 벽면 청소

욕실 벽면의 재질(대부분 타일)에 맞는 세제를 선택하여 벽면에 붙어 있는 물때 등 오염물질 및 타일 사이에 붙어 있는 곰팡이 등의 오염물질을 제거한다.

■ **욕실 벽면 청소 순서**

① 벽면 전체 세제 물을 뿌려 불려 놓는다.

특히 타일 사이까지 세제 물을 뿌려 불려 놓는다.

② 청소솔을 이용하여 불려 놓은 벽면 물 때 및 타일 사이의 물때, 곰팡이 등 오염물질을 제거한다.

③ 물을 뿌려 세제물을 제거한다.

④ 젖은 걸레 → 마른걸레 순으로 물기를 제거한다.

⑤ 손으로 오염물질 및 물기가 남아있는지 확인한다.

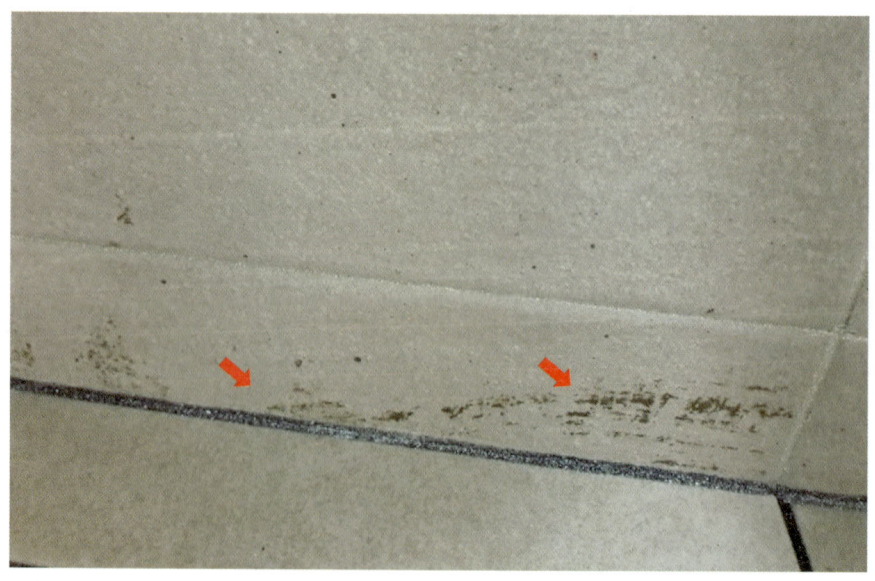

욕실 벽면 청소

다. 욕실 상·하부 시설물 청소하기

1) 욕실 상부 시설물 청소

욕실 벽면 위쪽에 위치해 있는 시설물로 수납장, 거울, 샤워부스, 선반 케이스, 수건걸이 등이 있다.

■ 욕실 상부 시설물 청소 방법

① 욕실 천장 청소 후 욕실 벽면 청소와 함께 실시하며 가장 위쪽에 위치한 시설물부터 청소를 실시한다.
② 욕실 상부 시설물별 청소를 실시한다.

[욕실 상부 시설물 : 거울]
① 물을 먼저 뿌려 먼지 등 거울에 붙은 오염물질을 1차적으로 제거한다.
② 부드러운 면 또는 스펀지에 세제 물을 묻혀 물때 등의 오염물질을 닦아낸다.
③ 깨끗한 물로 세제 물을 제거한 후 유리 스퀴지를 사용하여 물기를 제거한다.
④ 마지막으로 마른 극세사 걸레를 사용하여 물기를 완전히 제거한다.

거울을 유리 세정제로 청소

유리 스퀴즈를 사용하여 물기 제거

마른걸레 사용 마무리 물기 제거

[욕실 상부 시설물 : 욕실장]
① 욕실장을 열어 욕실장에 보관되어 있는 물품들을 정리한다.
② 욕실장 내·외부에 물을 뿌려 먼지 등 오염물질을 1차적으로 제거한다.

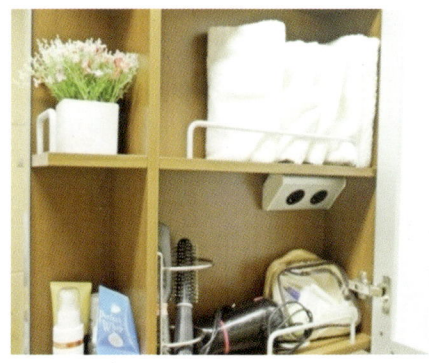

＊상황에 따라 먼지가 많을 경우 물을 뿌리기 전, 청소기 브러시를 이용하여 오염물질을 흡입한다.

③ 수납장 내부는 부드러운 면 또는 스펀지에 세제 물을 묻혀 닦아낸다.

④ 깨끗한 물로 세제 물을 제거한다.

⑤ 젖은 극세가 걸레 → 마른 극세사 걸레 순으로 물기를 완전히 제거한다.

＊욕실장 크기에 따라 유리 스퀴지를 활용한다.

⑥ 청소 전에 정리한 물품들을 제자리에 정돈한다.

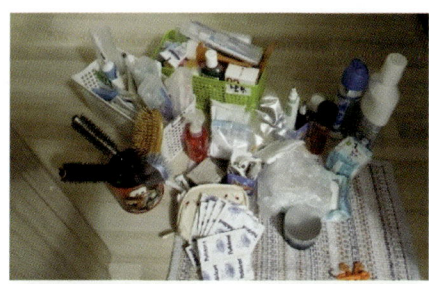

욕실장 청소

[욕실 상부 시설물 : 샤워부스]

① 샤워부스 내 물품들을 정리한다.

② 물을 먼저 뿌려 분진 등 샤워부스에 붙은 오염물질을 1차적으로 제거한다.

③ 물때 묵은(찌든)때 등 오염물질을 부드러운 솔에 세제 물을 묻혀 닦아낸다.

④ 깨끗한 물로 세제 물을 제거한 후 유리 스퀴지를 사용하여 물기를 제거한다.

⑤ 마지막으로 마른 극세사 걸레를 사용하여 물기를 완전히 제거한다.

＊물 얼룩 및 손자국이 남지 않도록 주의해서 청소한다.

⑥ 청소 전, 정리한 물품들을 제자리에 정돈한다.

샤워부스 물 뿌리기

세제물을 활용한 청소

유리 스퀴지를 사용하여 물기 제거

마른걸레 사용 마무리 물기 제거

[욕실 상부 시설물 : 선반 케이스, 수건걸이]

① 물을 먼저 뿌려 분진 등 샤워부스에 붙은 오염물질을 1차적으로 제거한다.

② 물때 등의 오염물질을 부드러운 솔에 세제 물을 묻혀 닦아낸다.

③ 깨끗한 물로 세제 물을 제거한다.

④ 젖은 극세사 걸레 → 마른 극세사 걸레 순으로 물기를 완전히 제거한다.

선반 케이스 등 청소

효과적인 청소 TIP

■ 유리창 이물질을 제거하는 작업

유리창(샤워부스 유리창 포함)에 붙어 있는 이물질을 깎는 작업을 통해 청소 진행

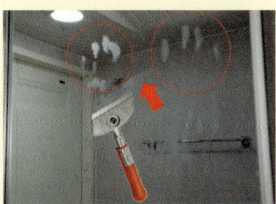

＊유리창 이물질이란? 시멘트 조각, 실리콘 등의 고체 상태로 붙어있는 이물질

[청소 방법 : 스크래퍼 사용 50%/걸레 사용 50%] 스크래퍼(大)를 이용하여 깎아 내는 작업을 실시한다.

2) 욕실 하부 시설물 청소

욕실 벽면 아래쪽에 위치해 있는 시설물로 세면기, 욕조, 양변기 등이 있다.

■ **욕실 하부 시설물 청소 방법**
① 욕실 벽면 청소와 함께 실시하며 가장 위쪽에 위치한 시설물부터 청소 실시
② 욕실 하부 시설물별로 청소를 진행

[욕실 하부 시설물 : 세면기, 욕조]
① 물을 먼저 뿌려 물때, 먼지 등 세면기 및 욕조에 붙어 있는 오염물질을 1차적으로 제거한다.

욕조에 있는 오염물질

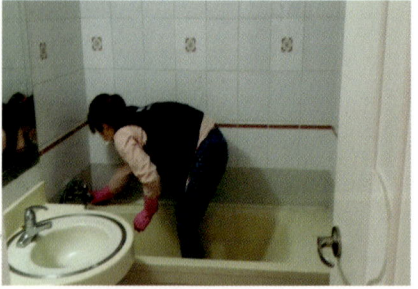
욕조 세제물을 이용한 청소

깨끗한 물로 세제물 제거 및 물기 제거

② 물때, 곰팡이 등의 오염물질을 부드러운 솔에 세제 물을 묻혀 오염물질을 닦아낸다.

＊세면기 및 욕조에 있는 수도꼭지는 상황에 따라 칫솔 등의 작은 청소 도구를 사용하여 이음새나 손이 잘 닿지 않는 부분까지 깔끔하게 닦아낸다.

③ 깨끗한 물로 세제 물을 제거 후 스팀 청소를 한다.

④ 젖은 극세사 걸레 → 마른 극세사 걸레 순으로 물기를 완전히 제거한다.

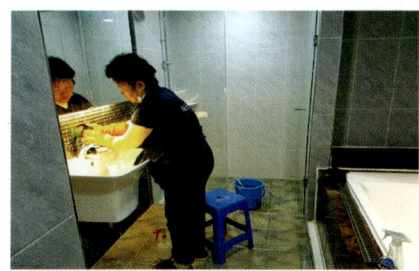
부드러운 솔에 세제물을 묻혀 청소

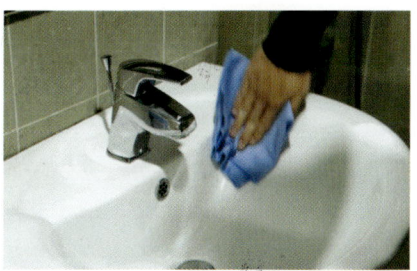
부드러운 솔에 세제물을 묻혀 청소

깨끗한 물로 닦아 내기

스팀 청소

[욕실 하부 시설물 : 양변기]

① 물을 먼저 뿌려 양변기에 붙은 오염물질을 1차적으로 제거한다.

② 물때, 곰팡이, 먼지 등의 오염물질을 부드러운 솔에 세제 물을 묻혀 닦아낸다.

＊ 안쪽은 양변기 전용솔을 사용하여 닦아낸다.

③ 깨끗한 물로 세제 물을 제거 후, 스팀 청소를 진행한다.

④ 젖은 극세사 걸레 → 마른 극세사 걸레 순으로 물기를 완전히 제거한다.

⑤ 양변기 물을 내려 마무리

 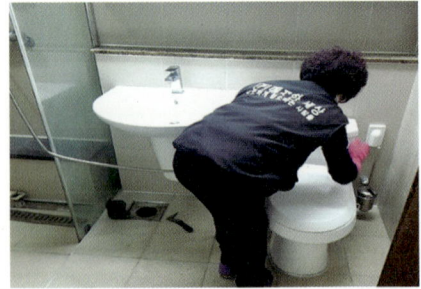

양변기 내·외부에 있는 오염물질 양변기 스팀 청소

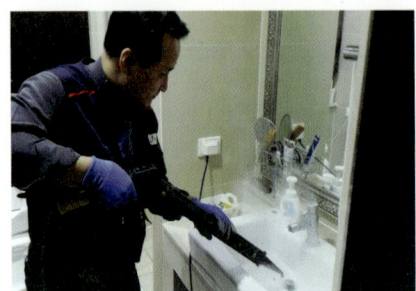 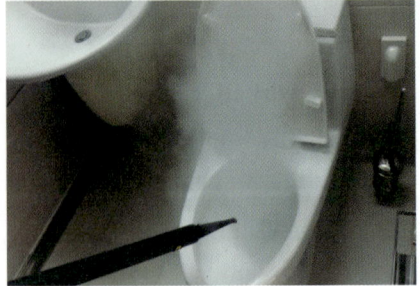

양변기 내·외부에 있는 오염물질 양변기 스팀 청소

라. 욕실 바닥 청소하기

욕실 바닥은 물기가 있는 경우가 많아 욕실 내부 공간 중에서도 가장 많이 습하므로 곰팡이, 세균 등이 번식하기 쉬운 공간이다.

특히 바닥은 대부분 타일 재질로 되어있어 재질에 맞는 청소 세제 및 청소도구를 활용하여 꼼꼼하게 청소한다.

■ **욕실 바닥 및 배수구 청소 순서**

① 욕실 청소 전 배수구 시설물(틀, 거름망)을 분리하여 확인한다.
② 욕실 바닥 전체를 쓸거나 물을 뿌려 먼지 등 오염물질을 1차로 제거한다.
③ 배수구 안쪽을 먼저 청소솔을 이용하여 깨끗하게 청소한다.
④ 바닥 타일 및 타일 사이의 물때, 곰팡이, 먼지 등의 오염물질을 청소솔에세제 물을 묻혀 구석구석 닦아낸다.
* 바닥 청소 시 갈고리헤라 및 스크래퍼를 활용하여 얼룩 없이 깨끗하게 청소한다.
⑤ 배수구, 거름망 등 배수구 시설물 깨끗하게 청소 후 물기를 제거 한 뒤, 건조시킨다.
⑥ 깨끗한 물을 뿌려 세제 물을 제거한 뒤, 유리 스퀴지를 이용하여 물기를 흡입한다.
⑦ 젖은 극세사 걸레 → 마른 극세사 걸레 순으로 물기를 완전히 제거한다.
⑧ 손으로 오염물질 및 물기가 남아있는지 확인한다.
⑨ 욕실 청소 전체 완료 후 물기를 제거한 배수구 등의 부속품을 장착한다.

마. 고객 요청 시, 욕실 타일 줄눈시공

- 줄눈 : 타일과 타일 사이에 메워져 있는 백색 시멘트
- 줄눈시공 : 기존 백색 시멘트로 메워져 있는 부분을 파내고 다른 대체 재로

욕실 바닥 청소

채우는 시공을 줄눈시공 이라고 한다.

[줄눈시공 방법]
① 그라인더, 공구(헤라, 스크래퍼 등)등을 이용하여 백색 시멘트 제거
② 줄눈 재료를 배합하여 파낸 자리에 채워 넣기
③ 시공 후 샌딩 작업 후 마무리

바. 마무리 작업
- 환기 및 최종 점검
1차 : 현장 팀장(점검표 작성) 점검표 여부 확인 후 있으면 사진 받기
2차 : 욕실 청소 전·후 사진을 고객에게 발송, 고객 최종 점검

백색 시멘트 제거

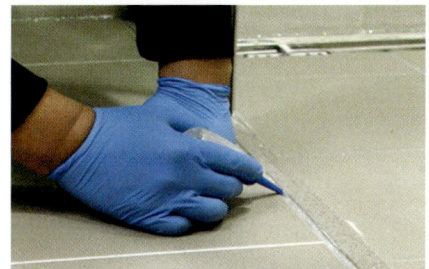

줄눈 재료 채우기　　　　　　　　　완성된 줄눈

[표 29] 욕실 청소점검표

항목	내 용	Check
욕실 청소 사전준비	욕실 청소 사전 준비는 잘 되었는가?	
욕실 내부 공간 청소	욕실 천장 및 벽면 청소는 잘 되었는가?	
상·하부 시설물 청소	욕실 상·하부 시설물 청소는 잘 되었는가?	
욕실 바닥 청소	욕실 바닥 청소는 잘 되었는가?	
옵션 서비스	고객 요청 시 줄눈시공은 잘 처리 되었는가?	
마무리 작업	마무리 작업은 잘 되었는가?	

03
Balcony Cleaning
발코니 청소

발코니 공관과 시설물을 청소하고 정리정돈을 수행한다.

1. 발코니 청소의 정의

'먼지가 가장 많이 쌓이는 장소! 발코니를 청결하게 해야 한다.'

생활하면서 발생하는 생활먼지, 환기 시 실내로 들어올 수 있는 미세먼지 등의 오염물질이 가장 많이 쌓이는 장소가 발코니이다.
따라서 발코니의 상태를 파악한 후, 발코니 청소에 필요한 청소도구 및 청소세제를 준비하여 발코니 시설물의 청소관리와 발코니 천장, 발코니 바닥 등 발코니 내부의 청소와 관리를 해야 한다.

집안에서 먼지 등의 오염물질이 가장 많은 장소이므로 항상 청결하게 관리하고 쾌적한 환경을 유지시키는 것이 중요하다.

[표30] 발코니 청소 작업별 프로세스

2. 발코니청소 작업별 프로세스

가. 발코니 청소 준비하기

1) 생활하자 체크
발코니 내부, 시설물에 대한 생활하자 체크

2) 시설물 재질 확인
사전 확인한 베란다 내부, 시설물에 대한 재질 확인

3) 열거나 분리할 수 있는 모든 시설물 분리 후 미리 준비한 세제 물에 담가 불려 놓기
＊ 조명기구 틀, 하수구, 배수로 등

4) 청소도구 및 청소 세제 준비

5) 발코니 상태 파악 및 물품 정리
발코니 내부 및 시설물에 대한 상태 파악 및 물품정리

나. 발코니 내부 공간 청소하기

1) 발코니 천장 청소
2) 발코니 벽면 청소

다. 발코니 시설물 청소하기

건조대봉 및 수납장 청소

라. 발코니 새시 청소
발코니 새시 청소(유리창 · 창틀 · 방충망 · 난간대 등)

마. 발코니 바닥 청소하기
1) 수도꼭지 청소
2) 발코니 바닥 청소
3) 배수구 청소

바. 다용도실 청소하기
1) 다용도실 전체 청소
2) 세탁기 청소

사. 발코니 바닥 타일 줄눈시공
고객 요청 시/별도비용

아. 마무리 작업
1) 전체 마감 세척 및 최종 점검
2) 발코니 청소 전 · 후 사진 고객에게 전송

3. 발코니 청소 작업 순서별 세부 청소 방법

가. 발코니 청소 준비하기
1) 생활하자 체크

발코니 청소 실시 전 발코니 내·외부 및 시설물에 대한 생활하자 여부를 꼼꼼히 확인 후, 사진 촬영을 실시한다.

＊사전에 차단할 수 있는 문제 같은 경우 적극적으로 대처하는 것이 원활한 청소 작업을 위한 지름길이다.

발코니 결로로 인한 곰팡이

발코니 타일 깨짐 및 타일 벗겨짐

① 발코니 내부 시설물에 대한 생활하자를 꼼꼼히 체크 후, 사진 촬영
- 천장 및 벽면 : 페인트 벗겨짐, 결로, 곰팡이 등
- 새시 : 뒤틀림, 곰팡이, 등
- 수납장 : 곰팡이, 시트지 벌어짐, 찢어짐, 들뜸 등
- 시설물 : 건조대 미 작동, 오작동 등
- 바닥 : 타일 깨짐 및 금간 경우, 타일 공동현상 등

② 촬영한 사진을 고객에게 전송

③ 청소 중간에 발견한 하자 또한 사진 촬영 후, 고객 통보

2) 시설물 재질 확인

발코니 청소 실시 전 발코니 내부 및 시설물에 대한 재질 확인을 통해 청소 장비 및 청소 세제를 올바르게 선택하여 사용함으로써, 작업 효율을 높일 수 있다.

발코니 바닥 및 벽면 재질

천장 및 수납장, 발코니 새시 재질

① 사전 확인한 발코니 내부, 시설물에 대한 재질 확인
- **천방 및 벽면** : 페인트 및 벽면 같은 경우 부분적으로 타일 시공 확인
- **새시** : 유리, 유리 프레임 재질 확인
- **수납장** : 수납장 재질(시트지, 목재 등) 확인
- **시설물** : 건조대 재질 확인
- **바닥** : 타일 확인

② 시설물 재질에 따른 청소 도구 및 청소 세제 확인

3) 열거나 분리 할 수 있는 모든 시설물 분리

발코니 청소 실시 전 가장 먼저 발코니내, 열거나 분리 할 수 있는 모든 시설물은 분리시켜 세제 물에 담가 놓기
- 미세먼지 등 장시간 쌓여 있던 오염물질을 불려 놓는 시간이 필요하므로 가장 먼저 작업하는 것이 바람직하다.

■ 분리한 시설물 청소 순서

① 발코니 청소 전, 조명기구 틀, 배수구 틀 등을 분리한다.

배수구 틀 분리

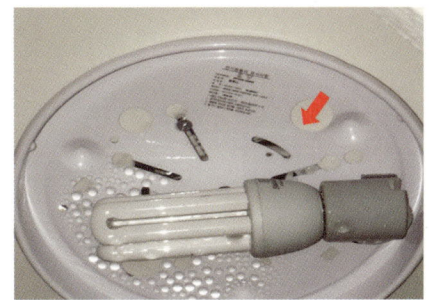

발코니 조명기구 분리

② 분리한 시설물은 세제 물에 담가 놓는다.

③ 불려 놓은 시설물을 부드러운 수세미로 문질러 세척 한 후, 건조한다.

④ 발코니 청소 마무리 후, 장착한다.

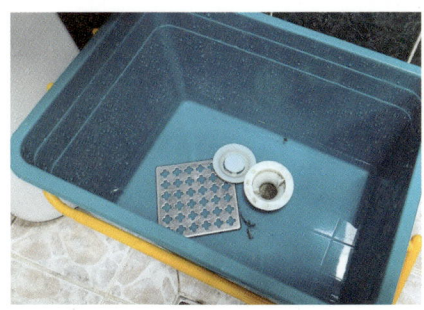

세제 물에 담그기

스팀 작업

4) 청소도구 및 청소 세제 준비

발코니 내부 및 발코니 시설물 청소를 위한 최적의 청소도구 및 청소 세제를 선택하여 청소 전에 미리 현장에 셋팅한다.

배수구 틀, 뚜껑 등 건조 1

배수구 틀, 뚜껑 등 건조 2

[표 9] 발코니 청소에 필요한 청소도구 및 청소 세제

각종 극세사 걸레	각종 다목적세제	수세미(강한, 부드러운)
스크래퍼, 도루코칼, 헤라	고압 스팀기, 소형 스팀기	멜빵 청소기, 핸드 송풍기
스티커 제거제	유리세정제, 유리스퀴지	안전사다리, 작업용의자

드라이버, 롱로즈	붓솔, 빗자루	고무장갑, 속장갑

5) 발코니 상태 파악 및 물품 정리

발코니 청소 시작 전 발코니 내부 및 시설물을 살펴 배치상태, 청결도, 정리정돈의 상태를 파악해야 한다.

* 발코니 상태를 파악하기 위해 발코니 새시, 수납장, 다용도실 내 세탁기 등을 자세히 살핀다.

* 위 부분을 자세히 살핀 뒤 청소하는데 문제가 발생하지 않도록 물품을 정리

발코니 내부 전체 상태

발코니 새시 상태

발코니 수납장 상태

발코니 기타 시설물 상태

 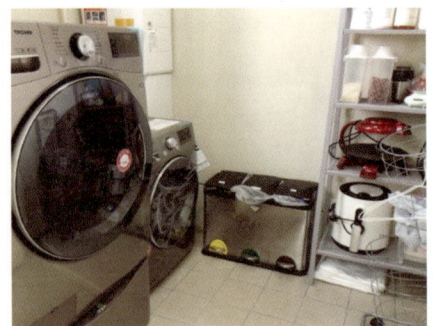

다용도실 내 세탁기 상태   다용도실 전체 상태

나. 발코니 내부 공간 청소하기

생활먼지, 외부에서 유입되는 미세먼지 등의 오염물질들이 발코니 천장, 벽면, 바닥에 붙어 있는 상태이다.
오염물질이 가장 많이 쌓이는 장소 중 하나가 발코니 공간이므로 청결하게 청소 해야 한다.

1) 발코니 천장 청소

발코니 천장의 재질(페인트)에 맞는 세제를 선택하여 천장 면에 붙어 있는 오염물질을 제거한다.

■ **발코니 천장 청소 순시**

① 발코니 청소 전 발코니 바닥, 벽면에 놓여 있는 물품들을 정리한다.
② 발코니 청소 전 조명기기가 분리 되어있는지 확인한다.
③ 청소기 브러시를 활용하여 천장에 묻어있는 미세먼지 등 오염물질을 1차적으로 제거한다.

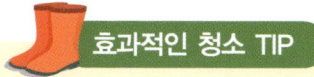
효과적인 청소 TIP

■ 먼지는?

먼지는 날마다 쌓인다. 눈에 보이지 않지만 공기중에는 각종 먼지(생활먼지, 외부 유입먼지 등)가 발생되며, 특히 발코니는 먼지가 가장 많이 쌓이는 장소 중 하나이다.

■ 먼지의 움직임

(1) 각종 먼지(생활먼지, 외부 유입먼지)는 공기중에 떠다닌다.
(2) 약 2시간 정도 지나면 공기 중에 떠 있었던 먼지는 천천히 바닥으로 가라앉기 시작한다.
(3) 바닥으로 가라앉은 먼지는 공기의 흐름에 따라 벽, 가구, 집안 내 각종 시설물에 내려앉아 표면, 구석진 곳 등으로 모인다.

④ 막대형 청소도구를 활용하여 젖은 극세사 걸레 → 마른 극세사 걸레 순으로 청소를 진행한다.
⑤ 손으로 오염물질 및 물기가 남아있는지 확인한다.
⑥ 발코니 청소 마무리 후, 물기를 제거한 조명기기 틀을 제자리에 장착한다.

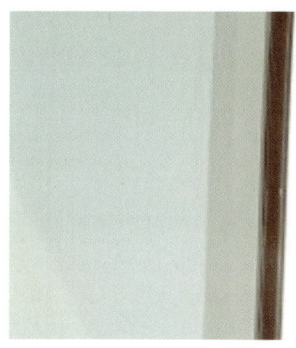

발코니 천장 청소

2) 발코니 벽면 청소

발코니 벽면의 재질(페인트, 부분적 타일)에 맞는 세제를 선택하여 벽면에 붙어 있는 오염물질을 제거한다.

■ **발코니 벽면 청소 순서**

① 청소기 브러시를 활용하여 벽면에 묻어 있는 먼지 등 오염물질을 1차적으로 제거한다.

＊타일 재질일 경우 세제 물을 뿌려 불려 놓기

② 막대형 청소도구를 활용하여 젖은 극세사 걸레 → 마른 극세사 걸레 순으로 청소를 진행한다.

＊타일 재질일 경우 불려 놓은 타일에 물을 뿌려 세제 물을 제거 후, 젖은 걸레 → 마른걸레 순으로 청소를 진행한다.

발코니 벽면 청소

다. 발코니 시설물 청소하기

발코니 시설물(건조대봉, 수납장 등)의 재질에 맞는 청소도구 및 청소 세제를 선택하여 쌓여 있는 오염물질을 깨끗하게 제거한다.

1) 건조대봉 청소

■ **건조대봉 청소 순서**
① 건조대봉은 분리하여 세제 물을 부은 뒤, 수세미를 이용하여 부드럽게 문지른다.
② 건조대 틀은 부드러운 면에 세제 물을 묻혀 부드럽게 문지른다.
③ 세척한 건조대봉은 물을 부어 세제 물을 제거한 뒤, 젖은 극세사 걸레 → 마른 극세사 걸레 순으로 물기를 제거한다.
건조대 틀도 젖은 극세사 걸레 → 마른 극세사 걸레 순으로 물기를 제거한다.
④ 손으로 오염물질 및 물기가 남아있는지 확인한다.

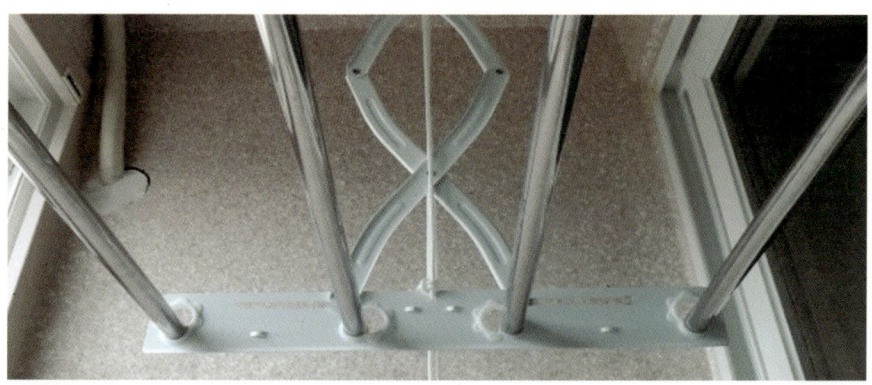

건조대 봉

2) 수납장 청소

■ **수납장 청소 순서**
① 수납장에 보관되어 있는 물품들을 정리한다.
② 수납장 내부에 있는 먼지 등 오염물질을 청소기 브러시, 작은 붓 등을 이용

하여 1차적으로 제거한다.

③ 수납장 내 선반 및 서랍을 탈거한다.

④ 서랍장 내부 및 탈거한 선반, 서랍을 꼼꼼히 세척한다. 청소기 브러시를 이용하여 수납장 안쪽 공간, 벽면, 레일까지 빠짐없이 먼지를 흡입한다.

붓(크기별로 선택)

탈거한 선반, 서랍도 청소기 브러시를 이용하여 흡입한다.

＊브러시 작업을 하지 않고 젖은 걸레로 바로 닦아 버리면 모서리 및 레일에 톱밥, 분진이 남아 있을 수 있기 때문에 브러시 작업은 필수 작업임

＊단, 청소기 브러시 작업이 어려울 때 작은 붓으로 먼지를 한쪽으로 쓸어 모은 뒤 진공청소기를 이용하여 흡입한다.

⑤ 분진 흡입 후 젖은 극세사 걸레 → 마른 극세사 걸레 순으로 반복해서 닦아낸다.

＊손으로 만졌을 때 먼지가 느껴지지 않을 때까지 닦는다.

⑥ 탈거한 선반 및 서랍을 조립한다.

수납장 내부 청소 완료 및 탈거한 선반 및 서랍을 조립한다.

＊습기 및 냄새 제거를 위해 환기 필요

수납장 선반 청소

라. 발코니 새시 청소

발코니 새시는 외부 오염물질이 들어오는 통로이며, 생활먼지 등의 오염물질까지 쌓여 있으므로 더욱더 깨끗하게 청소를 하는 것이 좋다.

[발코니 : 방충망]

① 진공청소기를 이용하여 방충망에 붙어 있는 오염물질을 흡입한다.

② 세제 물을 분무기를 활용하여 분사한다.

＊브러시 솔로 가볍게 털어 내거나, 선풍기를 내부에서 창 쪽으로 작동하여 부드러운 솔로 털어낸다.

③ 오염정도에 따라 불리는 시간을 가진 뒤, 젖은 걸레 → 마른걸레 순으로 물기를 제거한다.

발코니 방충망 청소

발코니 방충망 청소

[발코니 : 창틀]

창틀 청소 시 유의 할 점은 확장형 발코니, 미 확장형 발코니로 구분하여 상황에 맞는 청소를 진행해야 한다.

① 미 확장형 발코니

물배수가 가능하므로

(a) 창틀에 물을 뿌려 오염물질이 쉽게 제거 할 수 있도록 불린다.

단, 위쪽 창틀 같은 경우 분무기를 이용하여 오염물질을 제거한다.

(b) 부드러운 솔로 문지른 뒤 젖은 극세사 걸레 → 마른 극세사 걸레 순으로 물기를 제거한다.

미 확장형 발코니

② 확장형 발코니

물배수가 안되므로

(a) 작은 붓으로 먼지를 한쪽으로 쓸어 모은 뒤, 진공청소기를 이용하여 흡입한다.

ⓑ 젖은 걸레 → 마른걸레 순으로 남아 있는 오염물질을 제거한다.

확장형 발코니 1

확장형 발코니 2

[발코니 : 유리창·문틀]
창문, 틀의 재질에 맞는 세제를 선택하여 창문과 틀에 붙어 있는 각종 오염물질을 제거한다.

■ 창문, 틀 청소 순서
① 고정된 내창 → 고정된 외창 → 분리한 창문 순으로 청소한다.
② 분리 될 수 있는 창은 분리하여 물청소가 가능한 장소로 옮긴다.

■ 고정된 내창 및 분리한 창문 자리의 창문틀 청소
ⓐ 고정된 내창은 먼저 진공청소기를 이용하여 유리창, 창문틀 등 틈새에 있는 오염물질을 1차로 제거한다.
ⓑ 스팀작업을 통해 창문과 틀에 오랜 시간 쌓여 있던 묵은 먼지를 불린다.
＊유리창보다 창틀에 묵은 먼지가 많으며 특히, 창틀 실리콘 부분의 먼지는 세정제와 걸레질만으로는 제거되기 쉽지 않으므로 스팀 작업이 좋은 청소 방법이다.
ⓒ 유리 전용 세제를 분무기로 뿌린 뒤, 불린다.
ⓓ 물을 뿌려 긁개 또는 유리 스퀴지를 이용하여 세제 물 및 물기를 제거 한다.

＊ 높이에 따라 사다리 사용
(e) 마른 극세사 걸레를 활용하여 물기를 제거한다.

■ 고정된 외창 청소
(a) 고정된 외창은 높이에 따라 사다리 및 사다리차를 이용하여 청소를 실시한다.
(b) 고정된 내창 청소와 동일하게 진행 한다.
다만, 바깥쪽에 위치하면서 1층일 경우 배수 걱정 없이 물 세척을 자유롭게 할 수 있다.

■ 분리한 창문 청소
(a) 분리한 창문은 물청소가 가능한 장소로 옮긴다.
(b) 고정된 내창 청소와 동일하게 진행한다.
다만, 분리한 창문은 보통 물청소가 가능한 위치로 옮기므로 배수 걱정 없이 물 세척을 자유롭게 할 수 있다.
(c) 분리한 창은 고정된 외창 청소가 마무리 되면 제자리에 장착한다.
＊ 장착 후 창문 열고, 닫기를 실시한다.

■ 난간대 청소
난간대 청소 순서 방충망 → 유리창·창틀 → 난간대 순으로 청소한다.
(a) 유리창/창틀 청소 진행 중 세제 물을 분무기를 활용하여 난간대에 분사 해 둔다.
＊ 브리시 솔로 가볍게 털어 내거나, 선풍기를 내부에서 창 쪽으로 작동하여 부드러운 솔로 털어낸다.

(b) 오염정도에 따라 불리는 시간을 가진 뒤, 세제 물을 묻힌 부드러운 솔을 이용하여 오염물질을 닦아낸다.
(c) 젖은 극세사 걸레 → 마른 극세사 걸레 순으로 물기를 제거한다.

발코니 새시 청소
(유리창 · 창틀 · 방충망 · 난간대 등)

마. 발코니 바닥 청소

발코니 유리창, 벽면 타일, 창틀 등 물 청소를 한 상태로 발코니 바닥에 물기가 있으므로 곰팡이, 세균 등의 번식을 막기 위해 바닥 청소가 필요하다.
또한 생활먼지 등 오염물질이 많은 상태이며, 타일 재질로 되어있는 경우가 대부분이므로 재질에 맞는 청소 세제 및 청소 도구를 활용하여 깨끗하게 청소를 해야 한다.

■ 발코니 바닥 및 배수구 청소 순서

① 발코니 청소 전 배수구 시설물(틀, 거름망) 분리되어 있음을 확인한다.
＊가항에 발코니청소 준비하기 참고
② 발코니 바닥의 분진 등의 오염물질을 진공청소기를 이용하여 1차적으로 제거한다.
③ 배수구 안쪽 먼저 청소솔을 이용하여 깨끗하게 청소한다.
④ 발코니 바닥 전체에 세제를 뿌린 뒤, 청소솔로 먼지 등 오염물질을 제거한다.
⑤ 배수구, 거름망 등 배수구 시설물 깨끗하게 청소 후 물기를 제거하고 건조시킨다.
⑥ 물을 뿌려 세제 물을 제거한다.

발코니 바닥 청소

⑦ 젖은 극세사 걸레 → 마른 극세사 걸레 순으로 물기를 제거한다.
⑧ 손으로 오염물질 및 물기가 남아있는지 확인한다.
⑨ 발코니 청소 전체 완료 후 물기를 제거한 배수구 부속품을 장착한다.

발코니 바닥 청소

바. 다용도실 청소

보일러 시설 및 세탁기, 수도시설, 수납장 등으로 구성되어 있으며 세탁실의 기능이 강한 공간이다.

구석진 공간에 위치해 있어 환기가 중요한데, 환기 중 발생하는 먼지 등 오염물질이 구석진 곳까지 쌓여 있는 경우가 많으므로 재질에 맞는 청소 세제 및 청소 도구를 활용하여 깨끗하게 청소를 진행한다.

■ 다용도실 청소 순서

천장 → 수납장 → 세탁기 → 벽면 → 바닥 순으로 청소를 진행한다.

＊천장 · 유리창(틀) · 수납장 · 벽면 · 바닥 청소 방법 및 순서는 발코니 청소 가, 나, 다,

라, 마, 바, 사, 아와 동일하다.

＊청소전 다용도실 벽면, 바닥에 있는 물품들을 정리한다.

[다용도실 : 세탁기]

■ **세탁기 청소 순서**

① 바닥이 더러워지거나 타일 변형(깨짐/금 등)을 방지하기 위해 방수천을 깔아 준다.
감전 사고를 방지하기 위해 전기코드를 뽑아둔다.
② 통돌이, 스파이더 등 분해할 수 있는 세탁기 부품들을 분해한다.
③ 고압 세척기를 이용하여 세탁기 내부 및 분해한 부품에 붙어 있는 오염물질을 세척한다.
④ 세척 상태(세탁기 내부 및 분해 부품) 사진 촬영 후(고객 직접 확인 요청 시 고객 검수 후) 분해한 세탁기 부품들을 조립한다.
⑤ 세탁기 프레임을 젖은 극세사 걸레 → 마른 극세사 걸레 순으로 표면에 붙어있는 먼지 등을 깨끗하게 닦아 낸다.
⑥ 전기를 연결한 뒤, 세탁기가 정상적으로 작동되는지 확인한 뒤, 마무리한다.

세탁기 청소

아. 마무리 작업

■ 환기 및 최종 점검

1차 : 현장 팀장(점검표 작성) 점검표 여부 확인 후 있으면 사진 받기

2차 : 발코니 청소 전·후 사진을 고객에게 발송, 고객 최종 점검

[표32] 발코니 청소점검표

항목	내 용	Check
발코니 청소 사전준비	발코니 청소 사전준비는 잘 되었는가?	
발코니 내부 공간 청소	발코니 천장 및 벽면 청소는 잘 되었는가?	
발코니 시설물 청소	발코니 시설물(건조대봉, 수납장 등) 청소는 잘 되었는가?	
발코니 새시 청소	발코니 새시 청소는 잘 되었는가? (유리창(틀)/방충망/난간대등)	
발코니 바닥 청소	발코니 바닥 청소는 잘 되었는가?	
다용도실 청소	다용도실 청소는 잘 되었는가? (천장/벽면/수납장/세탁기 등)	
옵션 서비스	고객 요청 시 줄눈시공은 잘 처리 되었는가?	
마무리 작업	마무리 작업은 잘 되었는가?	

효과적인 청소 TIP

■ 싱크대와 그 배수구 청소할 때

싱크대는 먹는 음식을 씻는 공간이라 청결이 중요한 곳이다보니 그 어떤 세제로 청소하는 것 보다 베이킹소다가 가장 필요한 곳이다.

수시로 베이킹 소다를 적당히 뿌린 후 수세미로 문지르면 개끗하게 사용할 수 있다.

또한 싱크대 배수구에는 우선 베이킹 소다를 뿌리고 그 위에 식초를 부어주면 거품이 일어나며 더 깨끗하게 청소가 된다.

04

Bedroom, Living Room Cleaning
침실, 거실 청소

침실 및 거실 공관과 시설물을 청소하고 정리정돈을 수행한다.

1. 침실·거실 청소의 정의

'가족의 주생활 공간 침실과 거실! 일상의 회복을 위한 쾌적한 환경이 필요하다.'

주생활 공간으로써 침실과 거실은 휴식과 수면을 취하고, 가족 간의 소통을 위한 장소이다. 피곤하고 지친 하루를 회복시켜 줌으로써 다음 날 건강한 일상을 가능할 수 있도록 쾌적하고 위생적인 관리가 필요하다.
따라서 침실과 거실의 상태를 파악한 후, 침실과 거실 청소에 필요한 청소도구 및 청소 세제를 준비하여 아트 월, 붙박이장 등의 시설물의 청소관리와 바닥, 천장, 벽면 등 침실과 거실 내부의 청소와 관리를 해야 한다.

가족의 주생활 공간이므로 위생적으로 관리하여 쾌적한 환경을 유지시키는 것이 중요하다.

[표 33] 침실·거실 청소 작업별 프로세스

2. 침실·거실 청소 작업별 프로세스

가. 침실·거실 청소 준비하기

1) 생활하자 체크
침실·거실 내부, 시설물에 대한 생활하자 체크

2) 시설물 재질 확인
사전 확인한 침실·거실 내부, 시설물에 대한 재질 확인

3) 열거나 분리할 수 있는 모든 시설물 분리 후, 미리 준비한 세제 물에 담가 불려 놓기(조명기구, 소방기기 틀 등)

4) 청소도구 및 청소 세제 준비

5) 침실·거실 상태 파악 및 물품정리 침실·거실 내부 및 시설물에 대한 상태 파악 및 물품 정리

나. 침실·거실 내부 공간 청소하기

1) 침실·거실 조명기기, 소방기기 및 천장 청소
2) 침실·거실 몰딩 및 벽면 청소
3) 전기류 콘센트 청소

다. 침실 · 거실 시설물 청소하기

1) 붙박이장 청소
2) 문, 창문(틀), 방충망 청소

라. 홈 케어 서비스 청소하기

1) 매트리스 청소
2) 소파 청소
3) (시스템)에어컨 청소

마. 침실 · 거실 바닥 청소하기

바. 마루 코팅 작업

고객 요청 시/별도비용

사. 마무리 작업

1) 환기 및 최종 점검
2) 침실 · 거실 청소 전 · 후 사진 고객에게 전송

3. 침실 · 거실 청소 작업 순서별 세부 청소 방법

가. 침실 · 거실 청소 준비하기

1) 생활하자 체크

침실 · 거실 청소 실시 전 침실, 거실 내부 및 시설물에 대한 생활하자 여부를

꼼꼼히 확인 후, 사진 촬영을 실시한다.

＊사전에 차단할 수 있는 문제 같은 경우 적극적으로 대처하는 것이 원활한청소작업을 위한 지름길이다.

벽지 들뜸

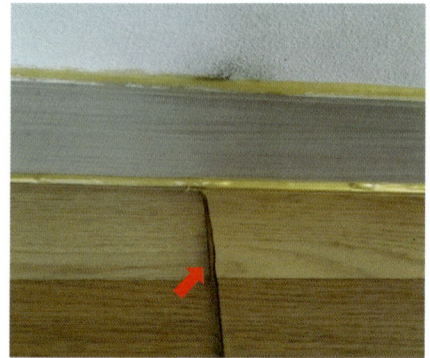
마루 들뜸 및 줄눈시공 들뜸

① 침실·거실 내부, 시설물에 대한
생활하자를 꼼꼼히 체크 후 사진 촬영
- **천장 및 벽면** : 벽지 찢어짐, 들뜸, 결로, 곰팡이 등
- **붙박이장** : 시트지 벌어짐, 뒤틀림, 들뜸 등
- **시스템 에어컨** : 결로, 벌어짐 등
- **바닥** : 마루 재질 벌어짐, 들뜸, 금간 경우 등

② 촬영한 사진을 고객에게 전송
③ 청소 중간에 발견한 하자 또한 사진 촬영 후 고객 통보

2) 시설물 재질 확인

침실·거실 청소 실시 전 침실·거실 내부 및 시설물에 대한 재질 확인을 통해 청소 장비 및 청소 세제를 올바르게 선택하여 사용함으로써, 작업 효율을

높일 수 있다.

 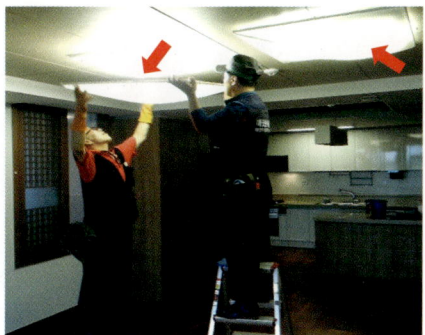

거실 바닥, 벽면, 전등 재질

① 사전 확인한 침실·거실 내부, 시설물에 대한 재질 확인
- **천장 및 벽면** : 벽지 재질
- **붙박이장** : 붙박이장 재질(시트지, 목재 등) 확인
- **바닥** : 마루 재질 확인

3) 열거나 분리 할 수 있는 모든 시설물 분리

침실·거실 청소 실시 전 가장 먼저 열거나 분리 할 수 있는 모든 시설물은 분리시켜 세제 물에 담가 놓기

＊ 먼지 등 생활하는 동안 발생된 오염물질이므로 불려 놓는 시간이 필요하므로 가장 먼저 작업하는 것이 바람직함

■ 분리한 시설물 청소 순서
① 침실·거실 청소 전 조명기구 틀을 분리한다.
② 분리한 시설물은 세제를 넣은 물에 담가 놓는다.

조명기구 틀 분리 2

③ 불려 놓은 시설물을 부드러운 수세미로 문질러 세척 한 후 건조한다.
④ 침실·거실 청소 마무리 후, 장착한다.

 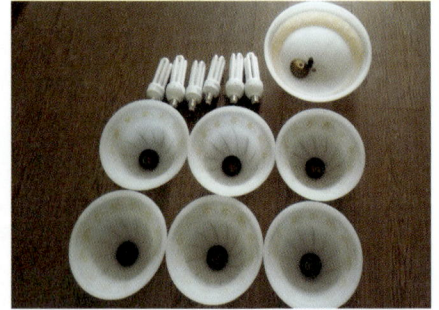

조명기구 분리, 세척, 건조   건조한 시설물 제자리에 장착

블라인드·커튼 종류

블라인드 청소 시 각별한 주의가 필요하다.
재질에 따른 오염 정도가 다르고 훼손 및 파손 위험이 높으므로 재질에 알맞은 청소 방법이 요구된다.

알루미늄

콤비 블라인드

허니콤 블라인드

롤스크린

우드 블라인드

버티컬

4) 청소도구 및 청소 세제 준비

침실·거실 내부 및 시설물 청소를 위한 최적의 청소도구 및 청소 세제를 선택하여 청소 전에 미리 현장에 셋팅한다.

[표34] 침실·거실 청소에 필요한 청소도구 및 세제

| 각종 극세사 걸레 | 각종 양동이 | 고압청소기, 멜빵청소기 |
| 고압 스팀기, 스팀청소기 | 피톤치드, 방향제 | 안전 사다리, 작업용의자 |

매직블럭, 주방용수세미	마루용 리스킹 걸레	다목적 세제
각종 스크래퍼, 칼	스티커 제거제	붓솔, 빗자루

5) 침실·거실 상태파악 및 물품정리

침실·거실 청소 시작 전 내부 및 시설물을 살펴 배치상태, 청결도, 정리정돈의 상태를 파악해야 한다.

* 침실·거실 상태를 파악하기 위해 침실·거실 내 몰딩, 붙박이장, 창문(틀), 문(틀), 매트리스, 소파, 에어컨 등을 자세히 살핀다.

* 위 부분을 자세히 살핀 뒤 청소하는데 문제가 발생하지 않도록 물품을 정리 한다.

침실 내부 전체 상태

거실 내부 전체 상태

붙박이장 상태

매트리스 상태

소파 상태

에어컨 상태

나. 침실, 거실 내부 공간 청소하기

1) 침실, 거실 조명기기, 소방기기 및 천장 청소

침실 및 거실 천장은 위치상 매일 또는 자주 청소를 할 수 없는 공간으로, 천장에는 미세먼지, 벌레 등의 오염물질이 붙어 있는 상태이다.

오염물질이 많이 쌓이나, 관리가 어려운 공간이므로 전문적인 청소가 필요하다.

■ 침실, 거실 조명기기 및 소방기기 청소 순서

조명기기 재질에 맞는 세제를 선택하여 조명기기 내부와 조명기기 틀에 붙어 있는 오염물질을 제거한다.

① 침실·거실 청소 전 침실 및 거실 바닥, 벽면에 놓여 있는 물품들을 정리한다.
② 천장 청소 전 조명기기 및 소방기기 틀 분리 확인한다.
＊가항에 청소 준비하기 과정에서 사전 진행
③ 조명기기 내부를 마른걸레를 활용하여 각종 벌레, 먼지 등 오염물질을 제거한다.
④ 걸레에 세제 물을 묻혀 조명기기 및 소방기기 내부를 깨끗하게 청소한다.
⑤ 젖은 극세사 걸레 → 마른 극세사 걸레 순으로 물기를 제거한다.
⑥ 손으로 오염물질 및 물기가 남아있는지 확인한다.
⑦ 천장 청소 전체 마무리 후 물기를 제거한 조명기기 및 소방기기 틀을 장착한다.

조명기기 오염물질

조명기기 분리

조명기기 및 소방기기 청소

조명기기 및 소방기기 청소

■ 천장 청소 순서

천장의 재질(벽지 등)에 맞는 세제를 선택하여 천장 면에 붙어 있는 오염물질을 제거한다.

① 천장 청소 전 조명기기, 소방기기 및 시스템 에어컨 등 분리 확인한다.

② 먼지떨이(정전기포 등)와 청소기 브러시를 활용하여 천장에 묻어 있는 미세먼지 등 오염물질을 제거한다.

③ 젖은 극세사 걸레가 부착된 막대걸레를 이용하여 청소 후 건조시킨다.

천장 청소

2) 침실 · 거실 몰딩 및 벽면 청소

벽면은 침실 및 거실 공간 중 사방으로 나 있는 공간이며, 위치상 매일 또는 자주 청소를 진행하기 어렵다.

오랜 공사기간 동안 벽면에 쌓여있던(특히 모서리, 위쪽 부분 등) 미세먼지, 분지 등의 오염물질이 많이 쌓여 있으므로 전문적인 청소가 필요하다.

■ 벽면 청소 순서

① 먼지떨이와 청소기 브러시를 활용하여 벽면에 붙어 있는 미세먼지 등 오염물질을 제거한다.

② 젖은 걸레가 부착된 막대 걸레를 이용하여 청소 후 건조시킨다.

천장 청소

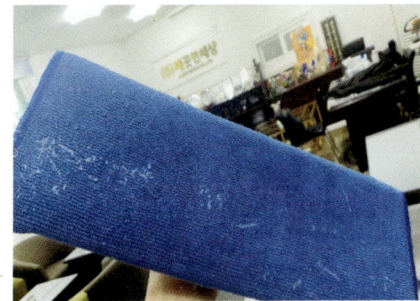

극세사 청소도구 이용

벽면 청소

벽면 청소

천장 청소

■ 몰딩 청소 순서

① 몰딩에 먼지 등의 오염물질이 쌓여 있는 상태이므로 정전기포, 마른 극세사 걸레로 먼저 오염물질을 털어낸다.

② 전용 세정제를 마른 극세사 걸레에 뿌린 뒤 걸레를 이용하여 손으로 직접 전체 몰딩을 닦아낸다.

✱ 이때 묵은 먼지가 쌓여 있는 상태이므로 털어내듯이 닦아낸다.

③ 마른 극세사 걸레로 한 번 더 닦아낸다.

몰딩 청소

3) 전기류 콘센트 청소

전기 콘센트 청소를 위한 최적의 청소도구 및 청소 세제를 선택하여 청소 전에 미리 현장에 셋팅을 한다.
특히 안전을 위한 안전장비의 셋팅이 가장 중요하다.

■ **전기 콘센트 청소 진행의 순서**
① 전기 콘센트 청소 전 전기를 차단 한 뒤 2차적으로 플러그에 전기 안전 마개를 꽂아 안전에 유의한다.
② 마른 극세사 걸레에 전용 세정액을 뿌린 뒤 콘센트 주변을 문질러 닦는다.
③ 젖은 극세사 걸레 → 마른 극세사 걸레 순으로 세정 작업 후, 습기를 완전히 제거한다.

전기 콘센트 청소

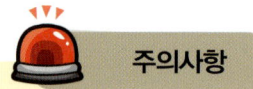 **주의사항**

■ 청소 진행 시 안전에 대한 각별한 주의가 필요하다.

감전에 대한 주의
작업 중 감전사고가 일어 날 수 있다.
그러므로 전기에 따른 안전수칙을 준수하여 청소를 진행해야 한다.
① 1단계 : 전기 차단 후, 청소 실시
② 2단계 : 콘센트에 꽂혀 있는 플러그 뽑기
③ 3단계 : 전기 안전 마개를 꽂은 뒤 청소 실시

다. 침실 · 거실 시설물 청소하기

침실, 거실 공간에 위치한 붙박이장, 문(틀), 창문(틀), 방충망 등은 크기, 기능적인 면 등의 이유로 청소가 쉽지 않다.
특히 생활먼지, 외부에서 유입되는 미세먼지 등의 오염물질 등이 많이 쌓여 있으므로 전문적인 청소가 필요하다.

1) 붙박이장 청소

침실, 거실 등에 있는 붙박이장의 재질(나무, 유리, 철재 등)에 맞는 청소 세제를 선택하여 붙박이장에 묻어 있는 오염물질을 제거한다.

■ **붙박이장 청소**
① 붙박이장에 보관 중이던 물품들을 정리한다.
＊ 천장 및 벽면이 마무리 된 상태이므로 침대 등을 이용하여 청소가 끝날 때 까지 옮겨 보

관한다. 이때, 물품들은 비닐 팩 또는 박스에 임시 보관하는 것이 좋다.

② 붙박이장에 있는 먼지 등의 오염물질을 1차로 제거한다.

③ 붙박이장 전체 선반 및 서랍을 탈거한다.

④ 붙박이장 내부 및 탈거한 선반, 서랍을 꼼꼼히 청소한다.

(a) 청소기 브러시를 이용하여 붙박이장 안쪽 공간, 벽면, 레일까지 빠짐없이 먼지를 흡입한다.

탈거한 선반, 서랍도 청소기 브러시를 이용하여 흡입한다.

＊브러시 작업을 하지 않고 젖은 걸레로 바로 닦아 버리면 모서리 및 레일에 톱밥, 분진이 남아 있을 수 있기 때문에 브러시 작업은 필수 작업임

＊단, 청소기 브러시 작업이 어려울 때 작은 붓으로 먼지를 한쪽으로 쓸어 모은 뒤 진공 청소기를 이용하여 흡입한다.

(b) 분진 흡입 후 젖은 극세사 걸레 → 마른 극세사 걸레 순으로 반복해서 닦는다.

＊손으로 만졌을 때 먼지가 느껴지지 않을 때까지 닦는다.

④ 탈거한 선반 및 서랍을 조립한다.

붙박이장 내부 청소 완료 및 탈거한 선반 및 서랍을 조립한다.

＊습기 및 냄새 제거를 위해 환기 필요

⑤ 탈거한 선반 조립이 완료되면 임시 보관한 물품들을 붙박이장에 정리한다.

붙박이장 청소

■ 문(틀) 창문(틀) 청소 순서

① 분리 될 수 있는 창문은 분리하여 물청소가 가능한 장소로 옮긴다.

② 브러시 진공청소기를 이용하여 유리창, 창문틀 등 틈새에 있는 오염물질을

1차로 제거한다.

③ 유리 전용 세제를 분무기를 이용하여 뿌린 뒤 불린다.

④ 물을 뿌려 유리 스퀴지를 이용하여 세제 물 및 물기를 제거한다.

＊ 높이에 따라 사다리 이용

⑤ 마른 극세사 걸레를 이용하여 물기를 제거한다.

⑥ 분리한 창은 위와 같은 방법으로 세척 한 뒤, 습기를 제거하여 제자리에 장착한다.

＊ 장착 후 창문 열고, 닫기를 실시한다.

라. 홈 케어 서비스 청소하기

쾌적한 실내 온도를 유지시켜주는 에어컨, 편안한 쉼과 수면을 위해 필요한

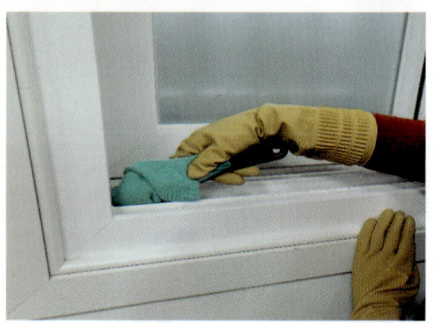
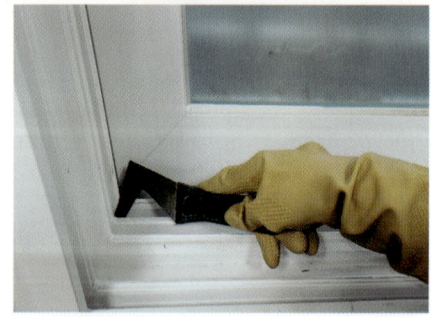

문(틀), 창문(틀) 청소

소파 및 침대 매트리스에 대한 청소는 일상에서 매일 하는 기본적인 청소 외에 전문적인 청소가 필요하다.

1) 매트리스 청소

침대 매트리스는 매일 수면을 취하고 몸에 직접적으로 닿으며 사용하는 제품이지만, 청소 및 관리가 매우 어려운 공간이기도 하다.

그러므로 침대 매트리스 같은 경우 주기적으로 전문적인 청소를 권장한다.

■ 매트리스 청소 순서

침대 프레임 탈거 → 건식청소 → 습식청소 → 자외선 소독 순으로 진행한다.
＊습식청소는 건식청소로 세척되지 않는 얼룩 등을 고객 요청 시 습식청소를 통해 세척한다.
① 매트리스 청소 전 침대 프레임을 분리 후, 매트리스와 프레임을 탈거한다.
② 침대 프레임 중 매트리스 상판을 분리하면 침실 바닥이 보이는데 보이는 바닥 전체를 진공청소기로 흡입 후, 젖은 극세사 걸레 → 마른 극세사 걸레 순으로 깨끗하게 닦아낸다.

③ 침대 프레임 및 분리한 상판도 진공청소기를 통해 흡입 후, 젖은 극세사 걸레 → 마른 극세사 걸레 순으로 깨끗하게 닦아낸다.

[매트리스 건식청소]
진공 흡입기를 이용하여 묵은 먼지와 집먼지진드기를 1차적으로 제거한다.

매트리스 건식청소

[매트리스 습식청소]
건식청소로 세척 되지 않는 얼룩 등은 고객 요청 시, 습식청소를 통해 세척한다.

(a) 소재에 맞는 청소 세제를 분무기를 이용하여 충분히 뿌린다.
(b) 습식 흡입 청소기를 이용하여 매트리스가 머금고 있는 세제 물(오염물질이 녹아 있는)을 흡입한 뒤, 깨끗한 물로 헹굼 작업을 한다.
(c) 깨끗이 세척한 매트리스는 습기 제거를 위해 건조시킨다.

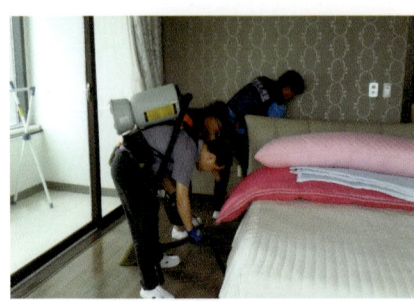 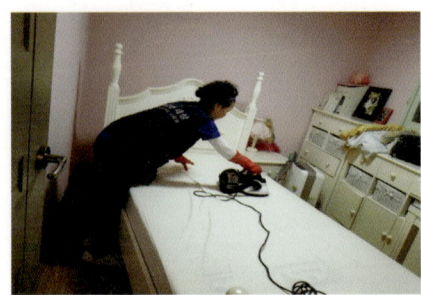

매트리스 습식 청소

[매트리스 자외선 살균소독]
자외선 살균 소독기를 이용하여 항균 탈취 소독을 진행한다.

매트리스 자외선 살균소독

2) 소파 청소
소파 재질(가죽, 섬유, 나무 등)에 맞는 청소 세제를 선택하여 소파에 묻어 있는 오염물질을 제거한다.

■ 소파 청소 준비사항

소파의 소재에 따라 부분적으로 청소하는 방법이 달라 질 수 있다.
① 소파의 소재 파악한다.
② 일반적인 오염물질외 잉크 등의 특수한 얼룩을 확인한다.
③ 소재에 따른 청소 방법 및 청소 세제, 청소도구를 확인한다.

[섬유 소재의 소파일 경우]
(a) 건식청소
먼지 등의 각종 오염물질을 진공흡입기를 이용하여 흡입한다.
(b) 습식청소
* 소재에 맞는 세제 물을 충분히 뿌려 묵은 때를 불린다.
* 습식 흡입 진공청소기를 이용하여 소파가 머금고 있는 세제 물, 각종 오염물질을 흡입한 뒤, 깨끗한 물로 헹굼 작업을 한다.
(c) 깨끗이 세척한 의자 및 소파는 습기 제거를 위해 건조시킨다.

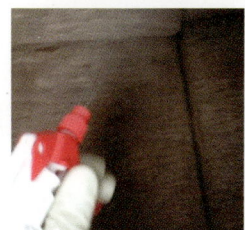

섬유소재 소파 청소

[가죽 소재의 소파일 경우]
① 먼지떨이 및 진공청소기를 이용하여 장기간 쌓여 있던 먼지 등의 각종 오염물질을 1차로 제거한다.
② 마른 극세사 걸레에 가죽 소재 전용 세정제를 뿌린 뒤 묵은 때를 닦아낸다.
* 청소 진행 시 제품 표면에 스크래치가 생기지 않도록 주의한다.
③ 가죽 광택 오일이나 스프레이를 이용해 닦아주면 새것 같이 이용 할 수 있다.

소파 소독

진공청소기로 오염물질 제거

3) (시스템) 에어컨 청소
침실 및 거실에 설치된 시스템 에어컨은 설치 위치, 기능적인 면(습기 등), 특수 부속품 때문에 평소 청소가 쉽지 않다.
기본적인 청소만으로 관리 될 수 있도록 에어컨 내부까지 깨끗하게 청소하는 것이 중요하다.

■ 시스템 에어컨 내부 및 분리 부속품 청소 순서
① 안전한 작업을 위해 에어컨 차단기를 내린다.
② 에어컨 커버를 분리한다.
* 제품에 따라 커버 개수가 다를 수 있으며 커버 분리를 위해 나사를 풀어야 하므로 분실

되지 않도록 주의한다.

✱ 청소 진행 시 안전에 대한 주의를 참고한다.

③ 에어컨 내부 부속품(모터, 팬 등)을 분리한다.

④ 분리한 부속품은 살균 세정제를 이용하여 고압 세척 후 마른 극세사 걸레를 이용하여 습기 제거 및 건조를 한다.

⑤ 에어컨 내부에 쌓인 먼지, 벌레 제거를 위해 진공청소기 및 젖은 걸레로 오염물질을 제거한다.

✱ 청소 작업 중에 오염 폐수가 발생 되므로 주의하여 청소를 진행한다.

⑥ 1차 작업한 에어컨 내부 살균처리 진행 후 마른 극세사 걸레로 습기 제거 및 건조를 한다.

✱ 냉방기가 가동 되는 원리를 이해하면 어느 부분을 세척해야 하는지를 알 수 있다.

⑦ 건조된 부속품을 조립한다.

시스템 에어컨 청소

 주의사항

■ 시스템 에어컨 청소 시

에어컨 제품의 기본 지식이 있는 전문 작업자가 진행하는 것이 바람직하다.

- 복잡한 부속품 분리 후 조립 가능
- 냉방기 가동 원리 이해를 통한 세척부분 파악 가능

■ 시스템 에어컨 청소 시 안전에 대한 각별한 주의가 필요하다

- 감전에 대한 주의

에어컨 내부 청소 작업 중 감전사고가 일어 날 수 있다. 그러므로 전기를 차단한 뒤 청소를 진행해야 한다.

- 추락에 대한 주의

에어컨 내부 청소를 위해서는 사다리 등에 올라가서 청소작업을 진행해야 하므로 안전수칙을 지키지 않는다면 작업 중 사다리에서 추락 할 수 있으므로 안전수칙을 준수하여 청소를 진행해야 한다.

- 먼지 주의

나사를 풀거나 커버를 분리하는 과정에서 부스러기들이 눈에 들어갈 수 있으므로 주의해야 한다.

- 폐수 제거 시 주의

냉각핀에 고여 있는 폐수 제거 시, 작업자의 몸(눈, 피부 등)에 묻지 않도록 주의해야 한다.

마. 침실, 거실 바닥 청소하기

거주 청소 각 구역별 청소에서 가장 넓은 공간이며 생활 중에 쌓여 있던 미세먼지 뿐 아니라 청소 중 발생하는 먼지가 가장 많이 발생하는 공간이므로 전

문적인 장비 및 청소 세제를 선택하여 오염물질을 제거 한다.

■ **침실, 거실 바닥 청소 순서**
① 침실, 거실 청소 시작 전 벽면 및 바닥에 있는 물품들은 1차적으로 정리된 상태이지만 바닥 청소 전 마지막으로 상태를 파악한 뒤, 물품들을 정리한다.
② 미세먼지, 분진 등의 각종 오염물질을 진공청소기를 이용하여 1차적으로 제거 한다.
③ 세정 작업
광택기에 브러시 또는 융을 사용하여 폴리싱 작업을 한다.
④ 세밀 작업
잘 벗겨지지 않는 찌든 때일 경우 스크래퍼를 이용하여 세밀하게 작업 한다.
⑤ 충분한 시간을 두고 바닥을 건조 시킨다.
⑥ 광택 작업을 진행한다.
청결한 바닥 유지를 위해 광택 작업을 한다.(2~3회)
＊ 별도 비용/고객 요구 시
⑦ 바닥이 다 마르면 임시 보관 중이었던 물품들을 제자리에 정리한다.

 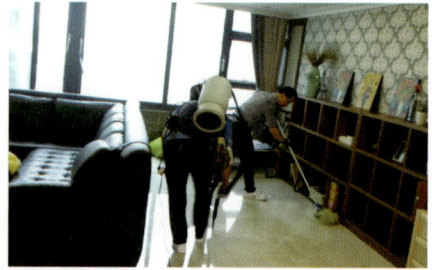

침실 및 거실바닥 청소

바. 마루 코팅 작업

거실 바닥재 및 오염도를 감안하여 바닥 청소를 마친 상태에서 건조를 시켜도 깨끗하게 청소가 마무리 되나 거실 코팅 작업을 함으로써 거실 바닥의 수명 연장 및 청결 유지 관리의 차원에서 바닥의 광택을 유지하는 것이 좋다.

거실바닥 광택작업

■ 광택 작업 순서

① 마룻바닥 청소를 마친 후, 물기 없이 건조시키다

* 건조 시 찌든 때가 보인다면, 스크래퍼를 통해 세밀하게 작업한다.

② 물기(습기) 여부 확인 후 완전히 건조된 것을 확인 후 왁스를 도포한다.

③ 광택기에 브러시 또는 융을 사용하여 폴리싱 작업을 한다.

④ 왁스 도포 폴리싱 작업을 2~3회 정도 반복해서 작업한다.

사. 마무리 작업

■ 환기 및 최종 점검

1차 : 현장 팀장 (점검표 작성) 점검표 여부 확인 후 있으면 사진 받기
2차 : 침실, 거실 청소 전·후 사진을 고객에게 발송, 고객 최종 점검

[표 35] 침실·거실 청소점검표

항목	내 용	Check
침실·거실 청소 사전준비	침실·거실 청소 사전 준비는 잘 되었는가?	
침실·거실 내부 공간 청소	침실·거실 천장 및 벽면 청소는 잘 되었는가?	
침실·거실 시설물 청소	침실·거실 시설물(붙박이장, 문, 창문(틀) 방충망 등) 청소는 잘 되었는가?	
홈 케어 서비스	홈 케어 서비스는 잘 되었는가? (매트리스, 소파, (시스템)에어컨 등)	
침실·거실 바닥 청소	침실·거실 바닥 청소는 잘 되었는가?	
옵션 서비스	고객 요청 시 마루 코팅은 잘 처리 되었는가?	
마무리 작업	마무리 작업은 잘 되었는가?	

05
Porch Cleaning
현관 청소
현관 공관과 시설물을 청소하고 정리정돈을 수행한다.

1. 현관 청소의 정의

'집의 얼굴, 현관을 깨끗하게 해야 한다.'

현관은 집안의 첫인상을 좌우하는 공간이자 집안과 외부를 연결해주는 통로이기도 하다. 그만큼 외부 먼지가 유입되어 쌓이기 쉬운 공간이니, 현관 바닥과 곳곳에 묻은 흙과 먼지를 잘 털어내야 한다.
따라서 현관의 상태(바닥의 재질 등)를 파악한 후, 현관 청소에 필요한 청소도구를 준비한 후 현관문, 현관 바닥(바닥의 재질 등), 신발장 및 중문, 거울(설치 여부 확인 필요) 등 현관 시설물의 청소관리와 벽면, 천장 등 현관 내부의 청소와 관리를 해야 한다.
특히 신발장 안도 꼼꼼히 살펴보고 건축부자재물 및 먼지, 얼룩을 제거해야 한다.

[표36] 현관 청소 작업별 프로세스

현관 청소 작업별 프로세스

현관 청소 준비	* 생활하자 체크 * 시설물 재질 확인 * 분리 할 수 있는 시설물 분리 * 청소도구 및 세제 * 상태 파악 및 물품 정리
조명기구 소방기기	* 조명기기 * 소방기기
현관 시설물	* 현관벽, 천정 * 중문이 있을 경우 청소
현관 바닥	* 현관 바닥 청소
줄눈 시공	* 줄눈시공 * 고객 요청 시/별도 비용
마무리	* 최종 점검 * 현관 청소 전/후 사진을 고객에게 발송
신발장 청소	* 신발장 내 (탈거), 외 * 현관 거울

2. 현관 청소 작업별 프로세스

가. 현관 청소 준비하기

1) 생활하자 체크

현관 내부, 시설물에 대한 생활하자 체크

2) 시설물 재질 확인

사전 확인한 현관 내부, 시설물에 대한 재질 확인

3) 열거나 분리할 수 있는 모든 시설물 분리 후 미리 준비한 세제 물에 담가 불려 놓기

* 조명기구 틀 등

4) 청소도구 및 청소 세제 준비

5) 현관 상태 파악 및 물품 정리

현관 내부 및 시설물에 대한 상태 파악 및 물품 정리

나. 조명기기, 소방기기 청소

1) 조명기구 청소

2) 소방기기 청소

다. 현관 시설물 청소

1) 현관 벽, 천정, 구조물 및 잔여물

청소
2) 중문이 있을 경우 중문 오염물 제거 및 청소

라. 신발장 청소하기
1) 신발장 내(탈거) · 외 청소 실시
2) 현관 거울이 있을 경우 함께 청소 실시

마. 현관 바닥 청소
현관 바닥 재질에 따라 세부 세척 작업

바. 줄눈시공
고객 요청 시/별도비용

사. 마무리 작업
전체 마감 세척 및 최종 점검

3. 현관 청소 작업 순서별 세부 청소 방법

가. 현관 청소 준비하기
1) 생활하자 체크
현관 청소 실시 전, 현관 내부 및 현관 시설물에 대한 생활하자 여부를 꼼꼼히 확인 후 사진촬영을 실시한다.

＊사전에 차단할 수 있는 문제 같은 경우 적극적으로 대처하는 것이 원활한 청소 작업을 위한 지름길이다.

현관 몰딩 깨짐

① 현관 내부, 시설물에 대한 생활하자를 꼼꼼히 체크 후 사진 촬영
- **현관 바닥** : 타일 깨짐 및 금간 경우, 타일공동현상 등
- **신발장, 중문, 현관문** : 들뜸 현상, 페인트, 시트지 벗김(찍힘) 등
- **벽면** : 시멘트 누락 등
- **천장 및 조명기구** : 몰딩 부분 찍힘, 조명기구 깨짐, 금간 경우 등

② 촬영한 사진을 고객에게 전송
③ 청소 중간에 발견한 하자 또한 사진 촬영 후 고객 통보

2) 시설물 재질 확인

현관 청소 실시 전 현관 내부 및 현관 시설물에 대한 재질 확인을 통해 청소장비 및 청소 세제를 올바르게 선택하여 사용함으로써, 작업 효율을 높일 수 있다.

현관바닥 타일 재질

현관바닥 대리석 재질

신발장 재질

① 사전 확인한 현관 내부, 시설물에 대한 재질 확인
- 현관 바닥 : 타일, 대리석 등 재질 확인
- 신발장, 중문, 현관문 : 목재, 시트지, 유리 등 재질 확인
- 벽면 : 도배지, 페인트 등 재질 확인
- 천장 및 조명기구 : 몰딩, 전구, 조명 박스 등 재질 확인

② 시설물 재질에 따른 청소 도구 및 청소 세제 확인

3) 열거나 분리 할 수 있는 모든 시설물 분리

현관 청소 실시 전 가장 먼저 현관 내, 열거나 분리 할 수 있는 모든 시설물은 분리시켜 세제 물에 담가 놓기

＊ 먼지 등 생활하면서 발생된 묵은 오염물질이므로 불려 놓는 시간이 필요하므로 가장 먼저 작업하는 것이 바람직하다.

■ 분리한 시설물 청소 순서

조명기기 틀 분리

① 현관 청소 전 조명기기 틀 등을 분리한다.
② 분리한 시설물은 세제를 넣은 물에 담가 놓는다.
③ 불려 놓은 시설물을 부드러운 수세미로 문질러 세척한 후 건조한다.
④ 현관 청소 마무리 후, 장착한다.

4) 청소도구 및 청소 세제 준비

현관 내부 및 현관 시설물 청소를 위한 최적의 청소도구 및 청소 세제를 선택하여 청소 전에 미리 현장에 셋팅한다.

[표 37] 현관 청소에 필요한 청소도구 및 청소세제

각종 극세사 걸레	고압청소기, 멜빵청소기	고압 스팀기
매직블럭	매직블럭	방향제

다목적 세제	스티커 제거제	사다리, 의자
헤라, 칼	붓솔	빗자루

5) 현관 상태 파악 및 물품 정리

현관 청소 시작 전 내부 및 시설물을 살펴 배치 상태, 청결도, 정리정돈의 상태를 파악해야 한다.

* 현관 상태를 파악하기 위해 현관 내 신발장, 중문 등을 자세히 살핀다.
* 위 부분을 자세히 살핀 뒤 청소하는데 문제가 발생하지 않도록 물품을 정리 한다.

현관 내부 전체 상태

나. 조명기기, 소방기구 청소

1) 전구 및 조명기구 소방기구 청소 순서

① 현관 청소 전 벽면 및 바닥에 놓여 있는 물품들을 정리한다.

천장 조명기기 분리

② 현관 천장에 설치된 조명기구의 조명 틀을 탈거한다.
③ 전등갓 안쪽을 점검하여 분진가루, 벌레 사체들을 깨끗하게 청소한다.
④ 탈거한 조명 틀을 조립한다.
⑤ 조명을 켜서 육안으로 청소 결과를 확인한다.

✱ 센서 등은 청소 후 청소결과 및 센서 작동 상태까지 확인한다.

소방기구 청소

2) 소방기구 청소 순서

① 천정에 설치 되어있는 소방기구는 젖은 걸레로 먼지 등을 닦아낸다.
② 습기제거를 위해 마른걸레로 다시 한 번 더 닦아낸다.

다. 현관 시설물 청소

현관문, 중문, 현관벽지, 천장 등 현관 내 시설물에 쌓인 흙(모래 등), 미세먼지 등의 오염물질에 맞는 청소 도구 및 청소 세제를 사용하여 청소한다.

■ 현관 시설물 청소 순서

① 현관 벽지, 천장 몰딩 부분에 묻은 먼지 등을 제거한다.

② 현관문(틀), 중문(틀), 현관벽지, 천장 등에 묻은 미세먼지, 벌레 등 오염물질을 제거한다.
* 청소기 브러시를 이용하여 현관문, 중문 틀의 분진을 빠짐없이 흡입한다.
* 브러시 작업을 하지 않고 젖은 걸레로 바로 닦아 버리면 모서리에 톱밥, 분진이 남아 있을 수 있기 때문에 브러시 작업은 필수 작업임

문틀 청소 / 벽면, 천장 등 청소

③ 현관 벽지, 천장 등은 정전기 청소포 및 젖은(마른) 걸레를 이용하여 각종 먼지를 제거한다.
* 손으로 만졌을 때 먼지가 느껴지지 않을 때까지 닦는다.

④ 현관문, 중문을 청소한다.

현관문 청소

* 현관문, 중문은 젖은 걸레로 먼지를 닦아 낸다.
* 습기 제거를 위해 마른 걸레로 다시 한 번 더 닦아낸다.
* 중문이 슬라이딩의 경우 창틀에 낀 먼지도 제거한다.
* 현관 손잡이는 알코올로 닦아주거나 손 세정제를 활용하여 세척한다.

현관 거울 청소

⑤ 현관 거울을 청소한다.
* 유리 세정제 · 물(분무기 이용) · 린스 · 식초 등을 선택하여 뿌린 뒤 닦는다.
* 얼룩(물 자국, 손자국 등)이 남지 않도록 깨끗하게 마른걸레로 다시 한 번 더 닦는다.
* 얼룩이 남아있는지 마지막으로 확인한다.

라. 신발장 청소

현관문을 열고 집에 들어오면 가장 처음 보게 되는 것이 신발장이다. 청소 완료 후, 신발장이 깨끗하게 관리 될 수 있도록 신발장 내부, 선반, 서랍장 등을 꼼꼼하게 청소해야 한다.

■ 신발장 청소 순서

① 신발장 청소 전 신발장 안에 있는 물품들을 정리한다.
② 신발장 내 먼지 등 오염물질을 1차적으로 먼저 제거한다.
③ 신발장 내부 선반 및 서랍을 탈거한다.
④ 신발장 내부 및 탈거한 선반, 서랍을 꼼꼼히 세척한다. 청소기 브러시를 이용하여 신발장 내부 공간 벽면까지 빠짐없이 분진을 흡입한다.

붓(크기별로 선택)

탈거한 선반, 서랍도 청소기 브러시를 이용하여 흡입한다.
* 브러시 작업을 하지 않고 젖은 걸레로 바로 닦아 버리면 모서리 및 레일에 먼지가 남아 있을 수 있기 때문에 브러시 작업은 필수 작업임

＊ 단, 청소기 브러시 작업이 어려울 때 작은 붓으로 먼지를 한쪽으로 쓸어 모은 뒤 진공청소기를 이용하여 흡입한다.

＊ 분진 흡입 후 젖은 극세사 걸레 → 마른 극세사 걸레 순으로 반복해서 닦는다.

＊ 손으로 만졌을 때 먼지가 느껴지지 않을 때까지 닦는다.

⑤ 탈거한 선반 및 서랍을 조립한다.

신발장 내부 청소 완료 및 탈거한 선반 및 서랍을 조립한다.

＊ 습기 및 냄새 제거를 위해 환기 필요

⑥ 신발장 청소 완료 후 잘 마를 수 있도록 신발장 문을 열어 두어 환기 시킨다.

＊ 젖은 걸레질, 세제 활용 및 코팅 등의 작업이 진행 되었으므로 습기 및 냄새 제거를 위해 환기 필요

⑦ 신발장 건조 후 임시 보관한 물품들을 신발장에 정리한다.

신발장 청소

마. 현관 바닥 청소

입주 청소 각 구역별 청소에서 가장 마지막에 이루어지는 청소로 물기 없이 깨끗하게 청소한다.

■ **현관 바닥 청소 순서**

① 현관 벽지, 천장, 중문, 신발장 등에서 현관 바닥으로 버려진 오염물질, 미세먼지 등을 빗자루(청소기)를 이용하여 청소한다.

빗자루 또는 청소기

② 청소솔에 세제 물에 묻혀 현관 바닥을 부드럽게 문지른다.

＊세제 물을 부우면 물이 흥건해 질 수 있으므로 청소솔에 묻혀서 청소하는 것이 바람직하다.

③ 때가 불도록 충분히 기다린 후 얼룩 때가 진하게 진 부분을 청소솔로 반복해서 문지른다.

④ 각종 오염물질이 묻어나온 세제 물을 습식 흡입 청소기를 이용하여 흡입한다.

⑤ 흡착 시킨 신문지에 물을 뿌려 깨끗하게 바닥을 닦아낸 뒤 현관전용 젖은 극세사 걸레 → 마른 극세사 걸레 순서로 닦아낸다.

⑥ 청소 완료 후 미끈거림이 있는지 확인후 현관문을 열어 바짝 마를 수 있도록 환기 시킨다.

＊물기가 덜 닦이거나 미끈거림이 남아 있다면 작업자 또는 입주자가 다칠 수 있으므로 주의를 기울여 청소한다.

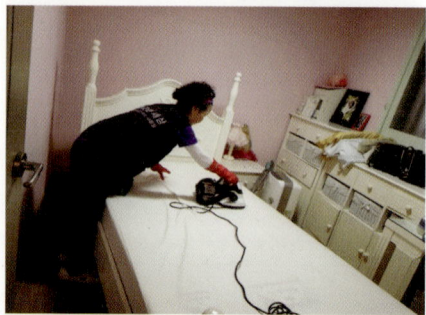

침실 및 거실 바닥 청소

바. 고객 요청 시 욕실 타일 줄눈시공

- 줄눈 : 타일과 타일 사이에 메워져 있는 백색 시멘트
- 줄눈시공 : 기존 백색 시멘트로 메워져 있는 부분을 파내고 다른 대체재로 채우는 시공을 줄눈시공이라고 한다.

[줄눈시공 방법]
① 그라인더, 공구(헤라, 스크래퍼 등)등을 이용하여 백색 시멘트 제거하기
② 줄눈 재료를 배합하여 파낸 자리에 채워 넣기
③ 시공 후 샌딩 작업 후, 마무리

백색 시멘트 제거

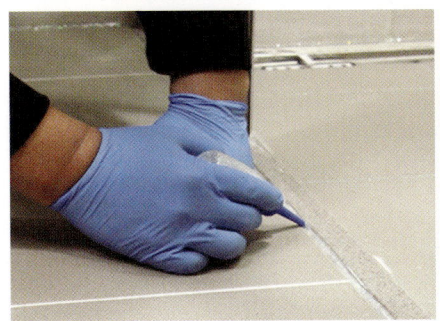

줄눈 재료 채우기   완성된 줄눈

사. 마무리 작업

■ 환기 및 최종점검

1차 : 현장 팀장(점검표 작성) 점검표 여부 확인 후 있으면 사진 받기

2차 : 현관 청소 전·후 사진을 고객에게 발송, 고객 최종 점검

[표 38] 현관 청소점검표

항목	내용	Check
현관 청소 사전준비	현관 청소 사전 준비는 잘 되었는가?	
현관 조명, 소방 청소	현관 전구 및 조명기구, 소방기기 청소는 잘 되었는가?	
현관 시설물 청소	현관 시설물(벽면, 천정 구조물, 중문 등) 청소는 잘 되었는가?	
신발장 청소	신발장 청소는 잘 되었는가?	
현관 바닥 청소	현관 바닥 청소는 잘 되었는가?	
옵션 서비스	고객 요청 시 줄눈시공은 잘 처리 되었는가?	
마무리 작업	마무리 작업은 잘 되었는가?	

청소학 [일반편]

초판인쇄	2021년 06월 15일
초판발행	2021년 06월 28일
지은이	이응준
발행인	조현수
펴낸곳	도서출판 더로드
마케팅	최관호
IT 마케팅	조용재
교정교열	권 표
디자인 디렉터	오종국 Design CREO
ADD	경기도 고양시 일산동구 백석2동 1301-2 넥스빌오피스텔 704호
전화	031-925-5366~7
팩스	031-925-5368
이메일	provence70@naver.com
등록번호	제2015-000135호
등록	2015년 06월 18일
ISBN	979-11-6338-153-2 13590

정가 33,000원

파본은 구입처나 본사에서 교환해드립니다.

고객만족을 최우선으로 하는
품질서비스 헌장

청소대행업 전 직원은 청소대행업이 고객과 함께 존재함을 깊이 인식하여 질 높은 기술 및 서비스를 제공함으로써 『고객과 함께하는 청소대행업』을 만들기 위해 노력할 것을 약속드리며, 다음과 같이 실천할 것을 다짐합니다.

1) 우리는 고객을 내 가족처럼 친절하게, 정성을 다하여 맞이하겠습니다.
2) 우리는 고객의 입장에서 생각하며, 고객의 소리를 경청하여 열려 있는 소통을 하겠습니다.
3) 우리는 고객의 전문성 향상을 위하여 '최고의 기술서비스, 최선의 친절서비스'를 제공하도록 최선을 다하겠습니다.
4) 우리는 최고의 청소 서비스를 위해 정기적인 교육을 실시하여 항상 청결하고, 쾌적한 공간을 위해 노력하는 청소대행업체로 만들어 나가겠습니다.

우리는 이러한 목표를 달성하기 위하여 『청소 서비스 실무이론표』를 설정하여 이를 성실히 이행할 것을 약속드립니다.